A IDEIA É BOA.
E AGORA?

Como chegar a grandes
resultados a partir de uma
grande visão

www.saraivauni.com.br

Scott Belsky

A IDEIA É BOA.
E AGORA?

Como chegar a grandes resultados a partir de uma grande visão

Os **99%** essenciais para fazer acontecer

Editora
Saraiva

Editora Saraiva

Rua Henrique Schaumann, 270
Pinheiros – São Paulo – SP – CEP: 05413-010
Fone PABX: (11) 3613-3000 • Fax: (11) 3611-3308
Televendas: (11) 3613-3344 • Fax vendas: (11) 3268-3268
Site: http://www.saraivauni.com.br

Filiais

AMAZONAS/RONDÔNIA/RORAIMA/ACRE
Rua Costa Azevedo, 56 – Centro
Fone/Fax: (92) 3633-4227 / 3633-4782 – Manaus

BAHIA/SERGIPE
Rua Agripino Dórea, 23 – Brotas
Fone: (71) 3381-5854 / 3381-5895 / 3381-0959 – Salvador

BAURU/SÃO PAULO (sala dos professores)
Rua Monsenhor Claro, 2-55/2-57 – Centro
Fone: (14) 3234-5643 / 3234-7401 – Bauru

CAMPINAS/SÃO PAULO (sala dos professores)
Rua Camargo Pimentel, 660 – Jd. Guanabara
Fone: (19) 3243-8004 / 3243-8259 – Campinas

CEARÁ/PIAUÍ/MARANHÃO
Av. Filomeno Gomes, 670 – Jacarecanga
Fone: (85) 3238-2323 / 3238-1331 – Fortaleza

DISTRITO FEDERAL
SIA/SUL Trecho 2, Lote 850 – Setor de Indústria e Abastecimento
Fone: (61) 3344-2920 / 3344-2951 / 3344-1709 – Brasília

GOIÁS/TOCANTINS
Av. Independência, 5330 – Setor Aeroporto
Fone: (62) 3225-2882 / 3212-2806 / 3224-3016 – Goiânia

MATO GROSSO DO SUL/MATO GROSSO
Rua 14 de Julho, 3148 – Centro
Fone: (67) 3382-3682 / 3382-0112 – Campo Grande

MINAS GERAIS
Rua Além Paraíba, 449 – Lagoinha
Fone: (31) 3429-8300 – Belo Horizonte

PARÁ/AMAPÁ
Travessa Apinagés, 186 – Batista Campos
Fone: (91) 3222-9034 / 3224-9038 / 3241-0499 – Belém

PARANÁ/SANTA CATARINA
Rua Conselheiro Laurindo, 2895 – Prado Velho
Fone: (41) 3332-4894 – Curitiba

PERNAMBUCO/ALAGOAS/PARAÍBA/R. G. DO NORTE
Rua Corredor do Bispo, 185 – Boa Vista
Fone: (81) 3421-4246 / 3421-4510 – Recife

RIBEIRÃO PRETO/SÃO PAULO
Av. Francisco Junqueira, 1255 – Centro
Fone: (16) 3610-5843 / 3610-8284 – Ribeirão Preto

RIO DE JANEIRO/ESPÍRITO SANTO
Rua Visconde de Santa Isabel, 113 a 119 – Vila Isabel
Fone: (21) 2577-9494 / 2577-8867 / 2577-9565 – Rio de Janeiro

RIO GRANDE DO SUL
Av. A. J. Renner, 231 – Farrapos
Fone: (51) 3371-4001 / 3371-1467 / 3371-1567 – Porto Alegre

SÃO JOSÉ DO RIO PRETO/SÃO PAULO (sala dos professores)
Av. Brig. Faria Lima, 6363 – Rio Preto Shopping Center – V. São José
Fone: (17) 3227-3819 / 3227-0982 / 3227-5249 – São José do Rio Preto

SÃO JOSÉ DOS CAMPOS/SÃO PAULO (sala dos professores)
Rua Santa Luzia, 106 – Jd. Santa Madalena
Fone: (12) 3921-0732 – São José dos Campos

SÃO PAULO
Av. Antártica, 92 – Barra Funda
Fone PABX: (11) 3613-3666 – São Paulo

302.301.001.001

Impressão e Acabamento Assahi Gráfica e Editora.

ISBN 978-85-02-13729-5

CIP-BRASIL. CATALOGAÇÃO-NA-FONTE
SINDICATO NACIONAL DOS EDITORES DE LIVROS, RJ

B39i

Belsky, Scott

A ideia é boa, e agora? : como chegar a grandes resultados a partir de uma grande visão / Scott Belsky ; [tradução Marcelo Barbão]. - São Paulo : Saraiva, 2011.

264p. : 23 cm

Tradução de: Making ideas happen : overcoming the obstacles between vision and reality
"Os 99 essenciais para fazer acontecer"

Bibliografia.
ISBN 978-85-02-13729-5

1. Criatividade nos negócios. 2. Sucesso nos negócios. 3. Liderança. I. título.

11-4438.		CDD: 658.409
		CDU: 65.011.4
15.07.11	22.07.11	028142

Traduzido de *Making ideas happen*, de Scott Belsky.
Tradução autorizada da edição em
inglês publicada nos Estados Unidos.

Copyright © Scott Belsky, 2010
2011 Editora Saraiva
Todos os direitos reservados.

Direção editorial	Flávia Alves Bravin
Coordenação editorial	Ana Paula Matos
	Gisele Folha Mós
	Juliana Rodrigues de Queiroz
	Rita de Cassia da Silva
Produção editorial	Daniela Nogueira Secondo
	Rosana Peroni Fazolari
Marketing editorial	Nathalia Setrini
Arte e produção	Crayon Editorial
Capa original	Matias Cowa
Imagem capa	Matt Conte
Foto autor	Paris Wittingham
Capa	Adaptação All-Type
	Produção Editorial
Produção gráfica	Liliane Cristina Gomes
Tradução	Marcelo Barbão
Revisão técnica	Adriano Nunes

Contato com o editorial
editorialuniversitario@editorasaraiva.com.br

SaraivaUni

Para Nancy e Mark, com gratidão
pela preciosa oportunidade de infinitas possibilidades

AGRADECIMENTOS

Embora este trabalho seja resultado de muitos anos de pesquisa e escrita, a ideia nunca teria se materializado sem o apoio e a liderança de meus colegas da Behance, de meus mentores e de minha família. Muitos dos conceitos e perspectivas compartilhados neste livro são resultado da influência e das oportunidades que eles criaram. Apesar de ter procurado citar toda fonte de forma apropriada, sei que meu conhecimento é fruto de inúmeras discussões, experiências e da ajuda de mentores. Sou extremamente grato e quero certificar o grande impacto que vocês tiveram neste livro.

Agradeço a Matias Corea, meu sócio e editor de arte, que me ensinou que *design* está no centro da organização e da comunicação. Sua visão trouxe grande impacto para o lado criativo e sua parceria fez toda a diferença. Aprendo com Matias todo dia, e a pesquisa e as realizações da Behance são resultado de nossa amizade, sua liderança e domínio do *design*. Também agradeço a Matias pela direção de arte e *design* da capa deste livro.

Sou muito feliz por trabalhar com uma equipe brilhante e comprometida. David Stein e Chris Henry lideram a parte tecnológica desde o começo. A visão e a administração da Behance vão bem além de nossos serviços e desempenharam um papel crucial em nossa pesquisa. Também quero agradecer a Bryan Latten e nossa crescente equipe de tecnologia, que tem melhorado nossos produtos e serviços. Também devo agradecer a Brittany Ancell, chefe de operações, por seu domínio dos princípios organizacionais e sua liderança, o que forneceu as condições para que eu pudesse escrever este livro.

Estendo minha gratidão a meus colegas Alex Krug, Oscar Ramos Orozco, Joshua Jabbour e Zach McCullough por trazerem visões de liderança renovadas. Como diretor de arte, Zach também ajudou com as ilustrações para este livro. A Behance nunca seria o que é hoje sem nossa relação especial com J. B. Osborne e Emily Heyward, da Red Antler — e a orientação dos membros de nosso estimado conselho. Obrigado!

Jocelyn Glei começou a trabalhar comigo em 2008 como assistente de pesquisa para este livro e se tornou uma parceira na edição e no debate sobre os méritos das dicas e visões de todo o livro. Ela também se tornou editora-chefe da "The 99%". Jocelyn é uma brilhante jornalista e escritora. Sou muito grato por seu compromisso e sua infindável energia para este projeto — que não teria sido possível sem ela.

Steve Kerr e Steffen Landauer foram meus gerentes e mentores desde o começo da minha carreira na Goldman Sachs. A oportunidade de seguir e aprender com Steve e Steffen foi fundamental para minha compreensão do desenvolvimento de liderança. Ao me convidarem para entrar na equipe de Pine Street, Steve e Steffen forneceram uma educação que estava além de minhas mais loucas expectativas.

Tive grande sorte de trabalhar com a professora Teresa Amabile durante meu segundo ano na Harvard Business School. Sou grato pela disposição de Teresa de ser minha mentora e conselheira durante minha pesquisa.

Como estou falando sobre grandes mentores, professores e confidentes que me aconselharam e desempenharam papéis centrais nessa jornada, queria agradecer a Deborah Streeter, John Jaquette, Michael Schwallbe, Michael Brown, Itai Dinour, Quanda, Reboot, os caras da LifeRemix, a equipe da TED, Evan Orensten e Josh Rubin na Cool Hunting, Sheila Danko, Aaron Dignan, Josh Spear, Charles Torres e meu bom amigo (e primeiro sócio) Ben Grossman.

Sou extremamente grato a meu agente, Jim Levine, e meu editor, David Moldawer e sua equipe na editora Portfolio (Penguin), que deram apoio e orientação incalculável durante este projeto.

Quero dedicar um agradecimento especial às muitas pessoas e equipes que estiveram dispostas a ser entrevistadas e que me convidaram a participar de seu processo criativo. Suas visões foram muito valiosas e sua disposição de compartilhar permitirá que muitos outros funcionem como líderes de ideias incríveis.

O mais importante: sou grato a toda a minha família – especialmente minha esposa, Erica; meus pais, Nancy e Mark; minhas irmãs, Gila e Julie; Susan Kaplan; e Alain, Ellen e Remy Roizen –, que me forneceu encorajamento infinito durante os anos em que realizei minha jornada para transformar ideias em realidade. Também gostaria de agradecer ao meu avô, Stanley Kaplan, um homem que me levou a ajudar as pessoas a atingirem seu verdadeiro potencial pela inspiração e importantes lições que sua vida nos deixou.

SOBRE O AUTOR

Scott Belsky acredita que as maiores descobertas em todas as áreas são resultado de pessoas e equipes criativas, além de bastante produtivas. Dessa forma, dedicou sua vida profissional a ajudar a organizar pessoas, equipes e redes criativas.

É o fundador e *chief executive officer* (CEO) da Behance, uma empresa que desenvolve produtos e serviços para organizar o mundo criativo. Ele também lidera a "The 99%", uma usina de ideias, e a conferência anual que conduz e mostra pesquisas sobre organização e execução no mundo criativo.

Seu primeiro produto, a Behance Network, tornou-se a plataforma on-line líder para profissionais criativos. A rede recebe coletivamente milhões de visitantes todo mês e se tornou uma das plataformas mais eficientes para que profissionais criativos divulguem seu trabalho para agências, fãs, pares e recrutadores.

Em 2008, a Behance lançou o método de ação (*action method*), um sistema revolucionário de "gerenciamento de ações" que substituiu as práticas de gerenciamento de projetos tradicionais por todo o mundo profissional de criação e outros, além de uma linha de produtos organizacionais sobre o tema, que é vendido em todo o mundo.

Belsky viajou pelo mundo todo encontrando-se com centenas de profissionais e equipes criativas, sempre fazendo a pergunta: "Como você transforma ideias em realidade?" Ele prestou consultoria a empresas de mídia importantes, ajudou a instituir mudanças de fluxo de trabalho em agências de publicidade e regularmente ministra palestras em grandes conferências da indústria da criação. Divulga suas ideias e pesquisas em redes como ABC News e MSNBC, e participa regularmente do American Express's Open Forum.

Antes de fundar a Behance, Belsky ajudou a criar a "Iniciativa de Desenvolvimento de Liderança Pine Street" no Goldman Sachs Group, Inc. Focou-se especialmente em melhorias organizacionais e fortalecimento de relação com clientes-chave.

Belsky também espera aumentar a "criatividade produtiva" no mundo sem fins lucrativos por meio de seu envolvimento em várias diretorias, incluindo o Entrepeneurship Program and Reboot da Cornell University.

A formação de Belsky é em *design*, economia ambiental e administração. Ele estudou na Cornell University e fez seu *master business administration* (MBA) em Harvard.

SUMÁRIO

PARTE 3 • CAPACIDADE DE LIDERANÇA

INTRODUÇÃO
TRANSFORME SUAS IDEIAS EM REALIDADE

Ideias não funcionam porque são ótimas – ou por acidente. Esse equívoco de que grandes ideias inevitavelmente levam ao sucesso prevaleceu por muito tempo. Se você tem a solução perfeita para um problema diário ou um novo e ousado conceito para uma peça criativa, deve transformá-lo em realidade. Longe de ser um golpe de mestre, a capacidade de fazer as ideias se transformarem em realidade pode ser desenvolvida por qualquer pessoa. Você só precisa modificar seus hábitos organizativos, participar de uma comunidade maior e desenvolver sua capacidade de liderança.

Este livro tem o objetivo de trazer as noções fantasiosas de como o processo criativo acontece para a realidade. As pessoas criativas são conhecidas por "viajar" na ideia de que improvisar e agir usando a intuição é, em muitos casos, a essência superior do que fazemos e de quem somos. No entanto, quando analisamos de perto como as pessoas bem-sucedidas e produtivas, empreendedores e empresários realmente transformam suas ideias em realidade, descobrimos que "ter a ideia" é somente uma pequena parte do processo, talvez só 1% da viagem.

Thomas Edison uma vez brincou: "O gênio é 1% inspiração e 99% transpiração". Para a mente criativa, inspiração vem facilmente. Mas o que são esses outros 99% que fazem essa ideia funcionar? Continue lendo para descobrir o surpreendente conjunto pragmático de *insights* e dicas que surgiram nos seis anos que passei estudando os comportamentos e as qualidades daqueles que fizeram suas ideias funcionarem muitas vezes.

SÍNTESE RÁPIDA
Transforme suas ideias em realidade

Nas seções seguintes, vamos discutir os métodos por trás de conquistas espetaculares – ideias que superaram as expectativas e se tornaram realidades. Mas antes de fazermos isso, aqui está a explicação de alguns termos que uso por todo o livro e algumas hipóteses que faço sobre você (e suas ideias)!

Você tem ideias que gostaria que se tornassem realidade. Independentemente de seu negócio ou setor, o sucesso depende do desenvolvimento e da execução de novas ideias. Não estamos falando somente de novos produtos, novas ideias de negócios ou sua visão do próximo grande livro. Você provavelmente já teve soluções criativas para problemas do dia a dia. Infelizmente, por melhor que tenham sido suas ideias, a maioria delas nunca vai se tornar realidade. A maioria das ideias se perde no que eu chamo de "platô do projeto", um período de intensa execução no qual suas tendências criativas naturais se voltam contra você. Como líder em sua indústria (e líder de sua vida), você deve aprender a desafiar essas tendências.

Você consegue desenvolver a capacidade para fazer essas ideias se tornarem realidade. De meus anos de pesquisa com indivíduos e equipes criativas, vou compartilhar as práticas usadas para que as ideias se tornem realidade.

Transformar as ideias em realidade = Ideias + Organização + Forças comunitárias + Capacidade de liderança. Há um sistema para todas as ideias e todos os métodos que vamos discutir. Além de gerar ideias (o que não vamos discutir), a capacidade de transformá-las em realidade é uma combinação das forças de organização, comunidade e liderança. Vamos mergulhar em cada uma dessas forças e discutir como você deveria usá-las em sua busca criativa.

Organização permite que você gerencie e execute de fato as suas ideias. No moderno mundo de excesso de informação e conectividade constante, você deve gerenciar sua energia de forma sábia. De outra forma, vai entrar em um estado de "fluxo de trabalho reativo", em que age impulsivamente (em vez de proativamente) e simplesmente tenta manter a cabeça fora da água. Tudo na vida deveria ser encarado como um projeto. Todo projeto pode ser dividido em somente três coisas: itens de ação, tópicos com potencial e referências. O "método de ação", que vamos discutir na primeira seção do livro, é composto pelas melhores práticas para a produtividade que vários líderes criativos compartilharam. O método de ação ajuda as pessoas com tendências criativas a viver e trabalhar com o eixo na ação. Com uma compreensão dessa metodologia, vamos procurar trabalhar muito com a priorização, gerenciando sua energia e atenção para executar completamente suas ideias.

As forças da comunidade são incalculáveis e prontamente disponíveis. Ideias não acontecem de forma isolada. Você deve abraçar as oportunidades para divulgar e depois refinar suas ideias por meio da energia das pessoas ao seu redor. Na segunda parte do livro, vamos estudar as forças comunitárias que dão impulso às ideias.

Inovação frutífera exige uma capacidade ímpar de liderar. Qualquer tipo de busca criativa exige uma revisão de como motivamos os outros, além de nós mesmos. Os líderes mais admirados são capazes de construir e gerenciar equipes que podem superar os obstáculos enfrentados em projetos criativos. Também existe uma disposição que devemos alcançar para suportar (e capitalizar) as dúvidas e pressões que encaramos no caminho.

Apesar de a tendência para gerar ideias ser bastante natural, o caminho para que elas se tornem realidade é tumultuado. Este livro tem a intenção de fornecer métodos e dicas que construam sua capacidade para desafiar as probabilidades e fazer suas ideias se realizarem.

PARA QUE ESTE LIVRO FUNCIONE

SEMPRE FUI UM POUCO frustrado com a criatividade. Ficava impaciente vendo meus colegas e amigos terem grandes ideias, mas depois se distraírem com outras coisas e as exigências gerais da vida. Achava muito irritante as poucas chances de alguém levar uma ideia até o fim. Depois de uma série de empregos e um diploma na faculdade, minha frustração se transformou em fascinação e, consequentemente, em uma carreira.

Acredite ou não, tudo começou no Goldman Sachs, o banco de investimentos. Depois de um tedioso trabalho com títulos europeus, fui convidado a participar no escritório executivo da empresa de um grupo conhecido como Pine Street — uma pequena equipe de profissionais dedicados ao desenvolvimento de liderança e de métodos de organização. Meu foco era o desenvolvimento do potencial de líderes inovadores tanto dentro da empresa como entre os clientes, incluindo fundos de *hedge* e outras empresas em alto crescimento. Essa posição me deu uma ótima oportunidade para estudar (e divulgar) as melhores práticas daqueles líderes que eram os mais eficientes na hora de executar suas ideias.

Enquanto identificava e divulgava essas práticas, passei muito tempo observando líderes empresariais envolvidos em lutas diárias para gerenciar pessoas em meio a rápidas mudanças em suas empresas. Ao mesmo tempo, fora do Goldman Sachs, comecei a trabalhar informalmente com pessoas criativas – fotógrafos, empreendedores, *designers*, entre outros – para ajudá-las a dominar o desafio de acompanhar a realização de suas ideias até o fim. Suas necessidades, parecia, eram infinitas.

Durante meus anos em Pine Street percebi que o mundo criativo precisava desesperadamente de informações inovadoras em relação à produtividade e ao desenvolvimento de liderança. Profissionais criativos – definidos como aqueles que geram (e às vezes realizam) ideias para viver – constituem talvez a comunidade mais desorganizada do planeta. Mas esses mesmos indivíduos são decisivamente responsáveis por *design*, entretenimento, literatura e novas empresas que trazem sentido a nossas vidas. Vi não só uma oportunidade, mas também a responsabilidade de ajudar as pessoas com ideias a superarem os obstáculos que as impediam de realizá-las. Dessa forma, dediquei minha vida profissional a organizar o mundo criativo.

Minhas experiências dentro e fora do Goldman Sachs levaram-me a fazer um MBA em Harvard e, ao mesmo tempo, fundar a Behance, uma empresa dedicada a organizar e fortalecer o mundo criativo. Em Harvard, consegui explorar a produtividade no setor criativo, principalmente durante um projeto de pesquisa independente com Teresa Amabile, a famosa especialista em criatividade nos negócios e professora da Harvard Business School. Enquanto isso, montei um pequeno time de pensadores que compartilhavam o entusiasmo, a curiosidade e o desejo de organizar o mundo criativo.

Iniciada em 2007, a Behance Network é uma reunião on-line de muitos milhares de líderes profissionais criativos de todo o mundo. A qualquer hora do dia ou da noite, os membros da rede postam seus últimos projetos – que vão do *design* para grandes marcas a planos de arquitetura para edifícios, de novas coleções de moda a ensaios fotográficos – para seus pares revisarem e para consideração de potenciais clientes. Milhões de visitantes exploram esses projetos todo mês. Cada projeto é um atestado de uma ideia que foi colocada em prática.

A rede fornece organização, troca de *feedback*, comunicação eficiente e promoção para apoiar as carreiras de profissionais criativos e aumentar a eficiência no processo de recrutamento de talentos. No processo de refinar os vários componentes da rede, nossa missão-guia é ajudar as pessoas e as equipes criativas a organizarem o trabalho, colaborarem e liderarem. Dos dados da rede – e de muitos *focus groups* – coletamos os *insights* de como as pessoas com ideias ganham impulso e se mantêm.

Durante anos, pesquisamos métodos e ferramentas para líderes criativos. Transformamos as dicas e *insights* do método de ação em um conjunto de produtos, além de criar um excelente aplicativo on-line. Em 2009, lançamos a Conferência 99% e uma usina de ideias[1] on-line para a troca de dicas e *insights* sobre a execução de ideias.

A busca apaixonada de minha equipe é entender por que e como algumas pessoas e organizações são consistentemente capazes de fazer as ideias avançarem até sua realização, enquanto a maioria faz isso de forma tão desordenada ou não faz absolutamente nada. Entrevistamos centenas de pessoas e equipes que fazem a vida mais interessante – *designers*, grupos trabalhando com tecnologias emergentes, executivos de mídia, escritores, empreendedores sistemáticos, cineastas e muitos outros. Nunca fazemos perguntas típicas como "O que o inspira?" ou "De onde vêm suas ideias?". Ao contrário, focamos menos a criatividade e mais em como essas pessoas mantêm sua produtividade e executam suas ideias de forma consistente.

---

[1] Também conhecido como *think tank*, um grupo de pessoas, especialistas em alguma área, indústria ou disciplina, que se reúne para discutir e explorar oportunidades, avanços ou pesquisas (N. do R.T.).

No caminho, conhecemos equipes em empresas famosas de todos os setores, como Apple, Ideo, Disney, Google, Zappos e Miramax, e também indivíduos brilhantes, como Stefan Sagmeister, Seth Godin e Chris Anderson, que se tornaram, por causa da execução consistente de suas ideias, líderes admirados no mundo da criatividade. Descobrimos que essas equipes e esses indivíduos não chegaram ao sucesso por causa de uma faísca misteriosa de genialidade criativa. Ao contrário, as pessoas que transformam suas ideias em realidade de forma consistente utilizam muitas práticas parecidas.

Especificamente, descobrimos que a maioria dos indivíduos e equipes produtivas têm muito em comum quando tratamos de (1) organização e execução persistente, (2) inclusão de pares e alavancagem de forças comunitárias e (3) estratégias para liderar projetos criativos. Enquanto muitos de nós gastamos energia em busca de uma grande ideia, minha pesquisa mostra que seria melhor se desenvolvêssemos a capacidade de transformar as ideias em realidade – uma aptidão que perdura.

Minha esperança é que as ideias neste livro forneçam um mapa para construir essa capacidade – e, no fim, ajudem para que mais ideias ganhem impulso. A era que vivemos está cheia de problemas e oportunidades que exigem inovação, como nunca antes. Ser mais eficiente ou mais barato não é mais suficiente para ser competitivo em um mercado global. Precisamos conceber novas ideias para resolver os problemas e as oportunidades que nos cercam – e precisamos desafiar as probabilidades e fazer as ideias se transformarem em realidade.

Este livro foi escrito tendo em mente a pessoa ou equipe criativa – pessoas impulsionadas por interesses profundos e dotadas de múltiplas ideias sobre como realizá-los. Mas este livro não foi escrito somente para o estereótipo do "artista". John Maeda, presidente da Rhode Island School of Design (RISD), resumiu da melhor forma: "Não acho que a noção de 'artístico' ou 'criativo' com o significado de fazer uma bela pintura seja correta. Todo empreendedor que já conheci era um artista. Todos são forçados a se sentir confortáveis com o fracasso. E, para o empreendedor, a sua empresa é como se fosse a sua tela de pintura".

POR QUE A MAIORIA DAS IDEIAS NÃO SE TORNA REALIDADE

É UMA PENA QUE INCONTÁVEIS ideias com o potencial para transformar nossas vidas — conceitos para novas descobertas de remédios, modelos para novas empresas, esquemas para obras-primas musicais, esboços para ícones artísticos — sejam todos os dias concebidas e desperdiçadas nas mãos de gênios criativos. As ideias que movem as indústrias não são o resultado de tremendas explosões criativas, mas — ao contrário — de maestria de gestão. Sim, há um método na loucura que é transformar uma ideia em realidade — não é tão romântico quanto você imaginava.

A vida e a morte das ideias

A criatividade é o catalisador de realizações brilhantes, mas é também o maior obstáculo. Se você examinar o curso natural das novas ideias — da concepção à execução —, verá que quase todas morrem de forma prematura. Se isso parece pouco provável, considere as ideias que você mesmo teve, mas nunca executou: um livro que quis escrever, um projeto empresarial que quis começar, um restaurante que quis abrir. Na maioria das vezes, a lista é longa. Novas ideias enfrentam uma batalha complicada a partir do momento em que são concebidas.

Os cínicos poderiam sugerir que a morte da maioria das ideias é, na verdade, algo bom. Afinal, partindo da perspectiva diária, a sociedade parece prosperar no conformismo. O *status quo* é o combustível nas máquinas da sociedade; faz todos ficarem felizes e saudáveis. Até mesmo as empresas que defendem a inovação precisam satisfazer os clientes existentes, atingir metas de lucro e manter as coisas funcionando. Até certo ponto, o sistema imunológico natural que extingue novas ideias em grandes empresas é essencial. Afinal, elas têm o potencial para nos tirar do curso normal; raramente são econômicas (no começo) e apresentam tremendos riscos a um sistema bem ajustado. Então, é bom que toda nova ideia enfrente uma bateria de obstáculos externos antes de ter a possibilidade de se materializar. Infelizmente, esses obstáculos não discriminam entre boas e más ideias.

Ainda mais importantes que os obstáculos ao nosso redor, no entanto, são os que estão dentro de nós. As forças que mais matam as novas ideias são nossas próprias limitações. O tempo é muito limitado e, com as exigências da família, amigos, trabalho e sono, a maioria das ideias perde impulso imediatamente. Se a sua ideia sobrevive ao período de entusiasmo inicial, ainda pode ser esquecida porque você provavelmente é o único que a conhece. A maioria das ideias nasce e morre em isolamento.

Mesmo se você possui o foco bem direcionado necessário para trabalhar sobre uma ideia, sua jornada será cheia de batalhas. Se você trabalha sozinho ou em equipe, vai ficar atolado no desafio de se manter produtivo, responsável e no controle. Essas jornadas são física e psicologicamente exaustivas, e a estrada está lotada de carcaças de ideias pela metade que foram abandonadas ou renunciadas em favor de outros propósitos. É uma verdade trágica que a maioria das novas ideias, apesar da qualidade e da importância que possuem, nunca verá a luz do dia.

Felizmente, há outro lado nessa história. Em todo setor e atividade criativa, há algumas pessoas que são consistentemente boas tanto em gerar como em executar suas ideias. Este livro mostra como elas fazem isso.

O dilema criativo: em desacordo com nossa própria essência

A perspectiva de transformar ideias em realidade traz em si um dilema especial. As forças que nos ajudam a ser produtivos e colocar as ideias em ação estão geralmente em desacordo com a própria fonte de nossas ideias: nossa criatividade.

Para entender como é ser governado por nosso lado criativo, só precisamos olhar para Chad e Risa — duas pessoas que conheci há algum tempo e que sofrem com muitos dos problemas que atacam as pessoas criativas.

Um chefe de produção bem conhecido de um dos melhores estúdios de cinema estava desesperado quando me falou de Chad, um dos roteiristas mais talentosos que já tinha encontrado. Chad passava dias e noites escrevendo. Tinha feito alguns filmes decentes, mas também escrevera mais fracassos que sucessos e tinha passado pela mão de vários agentes. Chad olhava seu e-mail "a cada semana, se tanto". Os executivos de produção e amigos mais próximos diziam a mesma coisa: é difícil entrar em contato com Chad e ele é extremamente desorganizado. É incapaz de manter o controle sobre suas ideias, apesar de algumas terem o potencial para se encaixar em vários projetos. "Mudanças na trama entram e saem da minha mente todo dia", lamentava Chad.

Enquanto eu conversava com ele sobre sua luta para se organizar, Chad ficava na defensiva. Ele me lembrou que era escritor, adorava seu trabalho e que escrever era o que fazia melhor: "Escrever é caos e escrever é a minha essência", afirmava Chad. Mas ele também admitia que imaginava quais benefícios poderia ganhar se tivesse "suas coisas em ordem".

Uma nova postura diante da organização faria toda a diferença. Chad precisava de um sistema que capturasse todas as novas ideias, mas também canalizasse sua energia em direção aos projetos que exigiam ação. Autoproclamado "tecnófobo", ele criou um sistema baseado em papel que mostrava os itens de ação para seus projetos mais importantes e que ficava bem à vista. Parou de viver à mercê de Post-it e de tentar trabalhar com o e-mail. Em vez disso, adotou um conjunto de princípios e até alguns rituais que o fizeram focar os aspectos de ação de seus projetos mais importantes sem abandonar seu processo criativo. Depois de uma completa introdução ao método de ação, você também vai começar a reconsiderar sua postura em relação à organização em projetos pessoais e profissionais.

E agora, uma rápida visão da vida de Risa. Estudante de comportamento humano, entusiasta da filosofia e pensadora incansável, Risa passou anos trabalhando em uma nova teoria sobre o desenvolvimento social de crianças órfãs. Apesar de suas ideias encherem centenas de páginas, ela ainda precisava organizar o projeto quando a conheci. Só tinha falado de suas ideias com poucas pessoas e quase nunca revisara seus escritos, sempre preferindo abordar coisas novas. Não se preocupava muito com *feedback*, mas podia conversar horas sobre a necessidade de seu trabalho e como ele podia ser amplamente aplicado. Sem dúvida, Risa era uma mulher talentosa e muito apaixonada.

Enquanto isso, ela tinha pulado de emprego em emprego. Sua voz tinha se reduzido a um desapontamento abalado enquanto tentava criar sentido com os vários projetos abandonados pelo caminho durante alguns anos. "Nada importante aconteceu para mim ainda", ela admitiu. Entre um excedente de possíveis desculpas, Risa foi incapaz de explicar exatamente o que atrapalhava seu progresso. Ela não conseguia fazer nenhuma de suas ideias se tornar realidade.

Risa era uma mente brilhante, mas estava sozinha. Sem outras pessoas para desafiar suas ideias e cobrar responsabilidade, sua luta era inútil. O ponto de mudança para Risa envolveu criar um *blog*, conseguir que um amigo se tornasse seu mentor e começar a participar de um fórum local de filosofia em que podia trocar ideias com outras pessoas toda semana. Suas ideias dispersas se tornaram um conjunto de projetos mais focados. No fim, os anos de pesquisa resultaram em um livro que recebeu muitos elogios. Para Risa, a força das comunidades fizeram toda a diferença.

As histórias de Chad e Risa mostram algumas das lutas comuns nas mentes criativas. Transformar ideias em realidade geralmente é uma batalha contra nossa própria essência. Ter uma mente criativa brilhante não basta por si só.

Neste livro, vou focar os líderes e as equipes criativas em vários setores que, repetidamente, transformam suas ideias em realidade. Um desses líderes é Jonathan Harris. Um híbrido raro de artista, intelectual e tecnólogo, Harris é mais bem descrito como um contador de histórias e antropólogo da Internet. Embora tenha se formado em Princeton, não há nada tradicional em sua carreira. A paixão de Jonathan, como ele a descreve, é trabalhar com ideias que "começam com perguntas realmente básicas sobre o mundo" e exploram "o papel das histórias como cápsulas do tempo".

Uma paixão tão ampla poderia ser vista como uma típica ambição criativa que não leva a lugar nenhum. Mas Jonathan tem sido excepcionalmente produtivo em seus esforços criativos. Antes de completar 28 anos, já tinha lançado várias produções na internet que exploravam a interação humana com a tecnologia, ganhadoras de diversos prêmios. Foram ideias que se tornaram realidade seus projetos: We Feel Fine, um experimento on-line global em emoção humana que permite a observação de milhares de pessoas expressando um sentimento comum ao mesmo tempo; Phylotaxis, uma exploração da interseção entre ciência e cultura; e o bastante premiado Whale Hunt, um fotodocumentário que empregou uma câmera montada em sua cabeça que automaticamente capturava fotografias a cada poucos minutos durante uma viagem de caça às baleias no Alasca.

O trabalho de Jonathan foi apresentado na CNN e na BBC, publicado na *Wired*, e exibido no Le Centre Pompidou em Paris e no MoMA (Museu de Arte Moderna) de Nova York. Resumindo, Jonathan não tem problemas com seu incessante fluxo de ideias. À primeira vista, suas ideias parecem muito elevadas ou vanguardistas para ganhar impulso. Mas elas desafiam consistentemente as probabilidades. Jonathan dá às suas ideias todas as oportunidades para terem sucesso, impelindo-as para a realização.

"Acho que há duas fases", Jonathan me explicou. "A primeira é aquela em que você simplesmente capta os sinais do éter. [As ideias] se agregam com o tempo e um dia explodem, quando você está no chuveiro. Acho que a segunda fase é decidir: 'Certo, vou realmente tentar fazer isso'. E, depois que você decide, entra em uma disposição mental diferente a partir desse ponto. Porque você precisa se tornar mais racional, mais lógico e mais disciplinado, pelo menos com essa ideia em particular. Tem menos a ver com receber e mais com sintetizar e destilar, e então finalmente produzir. E acho que é algo com que muitas pessoas criativas lutam porque talvez a primeira fase seja um momento mais agradável de viver, mas concluir a segunda é a única forma de conseguir realmente fazer algo."

Jonathan acredita que qualquer entidade criativa bem-sucedida deve se sentir confortável alternando entre essas duas fases criativas: idealização e execução. Quando Jonathan começa a falar sobre sua postura para projetos e fluxo de trabalho, imediatamente dá para sentir o valor que ele coloca na autodisciplina e na simplicidade. Também percebe-se que Jonathan começa um projeto com sérias expectativas em relação à sua viabilidade com vistas a uma audiência. Apesar de seu trabalho complementá-lo de forma pessoal, seu verdadeiro propósito é apresentá-lo para outras pessoas.

Muitos afirmam que criam somente para si; argumentam que a concepção e a realização de uma ideia é simplesmente uma forma de autossatisfação e nada mais. Mas esse argumento é egoísta: uma ideia executada para uma audiência de uma só pessoa é uma terrível perda de inspiração potencial e valor no geral.

"Se você quer tratar seu trabalho como um vírus que vai chegar a muitas pessoas", explica Jonathan, "é bom empacotá-lo de forma que possa otimizar o número de pessoas que ele pode alcançar, e que isso possa significar coisas diferentes. É possível fazer algo realmente palatável e transformá-lo em uma minissérie da HBO; alguma coisa moderadamente palatável e transformá-la em algo que vai para um museu de arte; ou algo nada palatável e transformá-lo em algo que você faz em seu porão."

Jonathan é mais um membro da elite de profissionais criativos que foram capazes de superar os desafios colocados pela psiquê criativa. Os atributos que Jonathan incorpora são comuns entre pessoas que rotineiramente fazem frutificar suas ideias.

Os líderes e equipes mais criativos que conheci são capazes de gerar um excedente de ideias com disciplina e equilíbrio. Eles embasam sua energia criativa com um supremo senso de organização. Como profissionais, superaram o estigma da autopromoção e usam suas respectivas comunidades para sustentar sua responsabilidade. E, como líderes, são capazes de construir e liderar equipes que desabrocham com o tempo.

A qualidade das ideias em si é menos importante do que a plataforma sobre a qual elas se materializam. Tome consciência de que você controla a plataforma para suas ideias.

AS FORÇAS QUE FAZEM AS IDEIAS SE TORNAREM REALIDADE

Este livro está dividido em três partes, cada uma apresentando um conjunto de ferramentas críticas para que as ideias se tornem realidade: organização e execução, as forças da comunidade e a capacidade de liderança. Claro, também existe a ideia em si – o catalisador. Mas, para os objetivos deste livro, vou deixar a inspiração criativa e as ideias por sua conta.

REALIZAR SUAS IDEIAS = (*A IDEIA*) + ORGANIZAÇÃO E EXECUÇÃO + FORÇAS DA COMUNIDADE + CAPACIDADE DE LIDERANÇA

A capacidade de transformar ideias em realidade é definida pela confluência de três componentes centrais delineados na equação mostrada acima. Alcançar seu potencial maior exige o domínio do intricado equilíbrio das três forças em jogo – independentemente de você executar uma ideia sozinho ou trabalhar em equipe. Vamos discutir rapidamente a relevância dos três componentes.

Organização e execução. É inegável que a forma como você encara a produtividade determina amplamente o seu resultado criativo. A forma como organiza projetos, prioriza e gerencia sua energia é talvez mais importante do que a qualidade das ideias que você quer realizar. Não há nada novo nessa afirmação. A necessidade de ser organizado tem sido bem documentada em inúmeros livros. Nossa ansiedade por uma solução simples é evidenciada pelo enorme sucesso de livros orientados à metodologia e de *blogs* de produtividade.

Poucos, no entanto, exploraram a organização e execução dentro do contexto da mente criativa ou dentro do contexto de um ambiente de trabalho que muda rapidamente. Pessoas criativas sempre representaram um dos grupos de maior mobilidade na força de trabalho e essa tendência de mobilidade agora se espalha por todo o mundo dos negócios.

A quantidade de trabalhadores *freelance*, autônomos e de meio período, bem como de donos de pequenos negócios, aumenta a cada dia. Muitas empresas estão contratando pessoas para programas rotatórios que duram somente dois anos. Práticas em que um colaborador trabalha em um projeto criativo pessoal por 10-20% de seu horário de trabalho estão aumentando de popularidade na medida em que empresas como a Google apregoam sua eficiência. Mesmo as empresas tradicionais de "emprego vitalício", como General Electric (GE) e International Business Machines (IBM), estão reconhecendo o valor de uma educação vivencial mais curta em vez de oportunidades de carreiras para toda a vida.

Isso significa que, independentemente do setor em que trabalha, sua vida profissional está se tornando mais nômade, digital e flexível. Mas, como um sábio já disse — o que todo dono de empresa pequena sabe muito bem —, "liberdade total significa responsabilidade total". Com o "onde" e o "como você trabalha" se tornando cada vez mais flexíveis, o ônus da organização se transfere para o indivíduo. Dessa forma, a produtividade não tem a ver com quão eficiente você é no trabalho. Em vez disso, sua produtividade tem mais a ver com o quanto seu trabalho promove aquilo que é mais importante para você.

Alguém poderia se perguntar: "Como posso ficar organizado no meio do caos diário das tarefas a ser realizadas, do gerenciamento de projetos, e ainda ficar com a cabeça leve para ser criativo?" Há métodos e truques práticos surpreendentes que podem, coletivamente, ser usados como controles para transformar suas ideias em realidade. Enquanto discutimos exemplos e temas comuns às pessoas especialmente produtivas, você verá que é na interseção de energia criativa e na notável habilidade organizativa que grandes ideias se transformam em ações e, no fim, em conquistas revolucionárias.

Utilizando as forças da comunidade. Descobri que, em todas as partes, pessoas e equipes extremamente produtivas e realizadas capitalizam sobre o poder da comunidade para fazer suas ideias avançarem. A utilização das forças comunitárias traz valioso *feedback* e refinamento da ideia, constrói e nutre relacionamentos benéficos, além de estabelecer um tecido conectivo que fornece recursos, apoio e inspiração.

No livro *Group genius* (1997), o psicólogo Keith Sawyer, pupilo de Mihaly Csikszentmihalyi – autor do renomado livro sobre criatividade *A descoberta do fluxo* – escreve:

> Todas as grandes invenções surgem de uma longa sequência de pequenas faíscas; a primeira ideia geralmente não é tão boa, mas graças à sua colaboração ela pode levar a outra ideia ou ser reinterpretada de uma forma inesperada. A colaboração junta pequenas faíscas e gera a inovação.

Mesmo que a noção de gênio criativo isolado já tenha existido – e Sawyer argumenta que não é assim –, não há dúvidas de que está muito ultrapassada no século XXI. A hiperconectividade criada pela internet agiu como um acelerador massivo de "pequenas faíscas" que alimentam o refinamento de ideias. Quase todo indivíduo ou toda empresa que falei dominou o poder da internet para alcançar muitos dos objetivos que vamos discutir nesta seção: coletar *feedback*, aperfeiçoar ideias, aumentar a transparência, além de compartilhar e promover o trabalho finalizado.

Vamos ver, entre outros exemplos, como o CEO da Zappos, Tony Hsieh, usa o Twitter para aumentar a transparência e encontrar inspiração; como o autor de sucesso e editor da *Wired*, Chris Anderson, usa uma comunidade de leitores engajados para refinar seus inovadores teoremas; e como o estrategista de marketing Noah Brier reúne *feedback* para melhorar seus experimentos na internet.

Claro, a internet é só um dos meios de acessar e construir sua comunidade. Os conceitos e visões que vou discutir não estão ligados a nenhum meio em particular — e podem ser aplicados de várias formas dependendo de sua personalidade e do que funciona melhor para você.

Mas, independentemente de sua disposição, preciso reforçar a importância de ter uma força comunitária ao seu redor: comunidade abre portas para novas soluções a velhos desafios e estimula um poderoso instinto criativo mais informado. Responsabilidade, um dos benefícios mais centrais de participar de sua comunidade, é o que o amarra à busca implacável de suas ideias. Quando você assume responsabilidades diante de outros, seus impulsos criativos se tornam projetos tangíveis. Suas ideias ganham raízes. A comunidade fortalece tanto sua energia criativa como seu compromisso em canalizá-la.

Liderança em realizações criativas. A história é feita por pessoas e organizações criativas e apaixonadas, além da rara habilidade de liderar os outros — e a si mesmos. Capacidade de liderança é o que faz a realização de uma ideia ser sustentável, escalável e, no fim, bem-sucedida. Infelizmente, há um enorme vazio de capacidade de liderança no mundo criativo, como podemos ver pelo alto atrito e frequentes problemas de gerenciamento em todas as áreas. Quando colaboradores saem de uma equipe criativa, em geral é por causa de conflitos pessoais ou por não se sentirem engajados nas questões principais; raramente é por dinheiro.[2] Para que suas buscas criativas cresçam e se sustentem, é preciso que você seja capaz de manter outras pessoas engajadas em suas ideias.

Capacidade de liderança está relacionada tanto com liderar os outros como a si mesmo. Talvez alguns dos maiores obstáculos

---

[2] Um parênteses: conversei com muitos profissionais de recursos humanos dentro de agências criativas que afirmaram que as razões mais comuns para pedidos de demissão, declarados em entrevistas de saída, estão relacionadas com questões gerenciais ou morais, e não com salários mais competitivos.

para implementar ideias sejam as deficiências pessoais — barreiras psicológicas comuns que mentes criativas geralmente enfrentam quando executam ideias. Poucas pessoas, entre os reconhecidamente prolíficos e produtivos que discutimos neste livro, são "naturais". Embora as ideias possam fluir generosamente, os métodos por trás da capacidade de fazê-las se transformar em realidade são geralmente contraintuitivos. Em alguns casos, a autodisciplina e as restrições necessárias para executar uma ideia podem parecer um tremendo comprometimento de sua essência como pessoa criativa.

Chamo essa noção de "compromisso do criativo" porque você deve estar preparado para adotar novas restrições e práticas que — no começo — parecem desconfortáveis. Nunca precisará comprometer sua moral ou integridade artística, mas vai precisar exercer certo controle sobre suas tendências destrutivas. Talvez você tenha a tendência a pular de ideia em ideia sem seguir nenhuma em particular. Ou talvez tenha a tendência a incubar ideias de forma privada. Pode evitar o *feedback* por medo das críticas, e, quando as recebe, talvez encontre formas subconscientes de invalidá-las. Todas as pessoas com o dom da criatividade possuem uma série de tendências que podem se tornar obstáculos. A jornada para uma vida mais produtiva como líder criativo começa com uma honesta autoavaliação de quem você é, de suas tendências e das maiores barreiras diante de si.

Você precisa pensar de forma diferente sobre como gerencia suas ideias, sua comunidade de colaboradores e a si próprio. Enquanto discutimos a liderança no contexto das realizações criativas, vamos reconsiderar os sistemas de recompensas que governam nossas próprias ações e discutir como gerenciar a delicada química de uma equipe criativa.

UMA NOTA FINAL ANTES DE COMEÇARMOS

CLARO QUE, MESMO SE VOCÊ adotar todas as práticas deste livro, transformar suas ideias em realidade não será fácil. Entre as centenas de entrevistas realizadas durante a pesquisa para este livro, nenhum indivíduo ou equipe que conheci estava livre de frustração. Tudo que é inerentemente novo vai contra o que parece natural. E tudo que vai contra o que é natural é desconfortável. A aspiração que você deveria ter é a de melhorar sua forma de atuar. E a responsabilidade que você deveria sentir é a de dar uma chance às suas ideias.

Este livro é totalmente prático, cheio de métodos que funcionaram com outras pessoas. Toda dica e *insight* estão resumidos e podem ser realizados, assim você pode colocar este livro em uso imediatamente e retomá-lo como recurso quando tiver desafios diferentes em sua carreira. Vai encontrar algumas seções mais mecânicas que outras. Lembre-se de que a execução não é algo fácil. No entanto, seus esforços para desenvolver a capacidade de fazer suas ideias se tornarem realidade é um investimento que vale a pena. As práticas apresentadas aqui devem ser digeridas, inspecionadas e modificadas para que sirvam a seu propósito. Minha esperança é que você entenda algumas questões cruciais que fazem toda a diferença.

Vamos começar!

PARTE 1

Organização e execução

Em um mundo obcecado pela inovação, é fácil se apaixonar por ideias. O quociente de criatividade é a paixão de uma mente aventureira. Para alguns de nós, a criatividade é inebriante. Nossa sociedade chegou a ponto de dividir seus membros em dois campos, as "pessoas de cérebro esquerdo"[3] e as "de cérebro direito", sob uma hipótese radical (e claramente falsa) de que os dois lados do cérebro não podem coexistir eficientemente — que as pessoas criativas brilhantes são inerentemente incapazes de agir como organizadores e líderes. Mas elas podem. E, quando tendências criativas e organizativas são capazes de coexistir, a sociedade avança, pois ideias incríveis são transformadas em realidade. O problema verdadeiro tem menos a ver com como a sociedade vê as pessoas criativas do que com o modo que estas veem a si mesmas.

Fizemos uma pesquisa com mais de mil autodescritos "profissionais criativos", perguntando quão organizados eles se achavam. Somente 7% se declararam "muito organizados". O dobro (14%) afirmou trabalhar em um estado de "completo caos" e o maior grupo afirmou viver "mais na bagunça que na ordem" (48%). Em acompanhamento posterior, também observei que, longe de um ponto de preocupação, a experiência de desordem

Minha liberdade consiste, assim, na forma em que me movimento dentro da faixa estreita que atribuí a mim mesmo em cada um dos meus empreendimentos. Devo ir mais longe ainda: minha liberdade será muito maior e mais significativa quanto mais estreitamente eu limitar o meu campo de ação e quanto mais obstáculos eu colocar ao meu redor. Tudo que diminui obstáculos diminui a fortaleza. Quanto mais restrições nos impusermos, mais livres seremos das demandas que acorrentam o espírito.

IGOR STRAVINSKY
Poética musical em seis lições.

---

[3] Alusão ao hemisfério esquerdo do cérebro, sede das aptidões racionais e da linguagem, em oposição ao direito, tido como sede da intuição e da criatividade (N. do R.T.).

por muitos desses profissionais era vista como um distintivo de honra!

A realidade é que ambientes criativos — e a própria psiquê criativa — não conduzem à organização. Ficamos intolerantes com procedimentos, restrições e processos. Mesmo assim, a organização é a força orientadora da produtividade: se você quiser que uma ideia se transforme em realidade, precisa ter um processo para isso.

Parte da rebelião da mente criativa é compreensível porque não existe um "único ótimo processo" para desenvolver ideias e depois transformá-las em realidade. *Processo* em geral tem uma má reputação; qualquer um que trabalhou com a burocracia corporativa sabe por quê. Quando um processo é imposto sobre você externamente, ele pode ser um peso e diminuir sua energia. O processo é uma questão profundamente pessoal de gosto e hábito, especialmente para pessoas criativas. Seu processo funciona melhor para você quando está personalizado de acordo com suas próprias preferências.

Em vez de pedir para você imitar processos estáticos que funcionam para outros, vou apresentar um conjunto de elementos centrais para fortalecer o seu processo atual. Líderes criativos admirados compartilham uma visão comum em relação à organização e gerenciamento de projetos. Nesta seção do livro, você ouvirá alguns líderes e empresas bastante produtivas e criativas — pessoas como o prolífico autor Seth Godin e o legendário *designer* e reitor John Maeda. Também vamos discutir algumas práticas menos conhecidas — mas extremamente eficientes — usadas em empresas famosas pela inovação, como a Ideo, a Walker Digital e a Disney.

A VANTAGEM COMPETITIVA DA ORGANIZAÇÃO

Organização tem tudo a ver com aplicar ordem aos muitos elementos de um projeto criativo. Há conceitos que você vai esperar reter, recursos que vai querer utilizar e ainda os componentes do projeto em si – coisas que precisam ser feitas e outras coisas que precisam servir como referencial. Há também elementos externos como datas-limite, orçamentos, clientes e outras restrições. Todos esses elementos se combinam (ou colidem) enquanto você procura criar, desenvolver e executar ideias.

Esses elementos existem em qualquer projeto criativo, mas nem sempre os reconhecemos. Geralmente tentamos trabalhar sem levá-los em consideração (ou ignorando-os abertamente). Claro, fazer isso diminui as chances de que nossas ideias se tornem realidade.

O elemento organizativo mais importante, e mais frequentemente negligenciado, é a estrutura. Temos a tendência a evitar a estrutura como uma forma de proteger a natureza do livre fluxo das ideias. Mas, sem estrutura, nossas ideias são incapazes de crescer.

A estrutura permite que capturemos nossas ideias e as organizemos de forma que nos ajude — e às outras pessoas também — a nos relacionar com elas. Sem estrutura, não podemos focar muito tempo sobre qualquer ideia em particular para encontrar suas fraquezas. As ideias que deveriam morrer vão sobreviver e outras que exigem desenvolvimento podem ser esquecidas. A estrutura nos ajuda a conseguir um resultado tangível de nossas ideias.

Estrutura e organização valem uma discussão séria porque fornecem uma vantagem competitiva. Só por meio da organização podemos aproveitar os benefícios das explosões de criatividade. Se você desenvolve a capacidade de organizar a si e aos que estão ao seu redor, pode vencer as dificuldades.

SUA POSTURA DIANTE DA QUESTÃO DA ORGANIZAÇÃO E O DESTINO DE SUAS IDEIAS

GERENCIAR UMA CADEIA de suprimentos é um aspecto muito logístico do negócio e raramente atrai muita atenção. Empresas como Walmart e Toyota são lendárias por sua qualidade de distribuição e gerenciamento de estoques. Não há dúvidas de que a mecânica de uma empresa — principalmente suas práticas de gerenciamento de cadeia de suprimentos — ajuda a determinar os custos, qualidade e disponibilidade do produto. Há empresas consultoras e posições executivas dentro das empresas dedicadas inteiramente ao gerenciamento das cadeias de suprimento — a personificação da organização dentro de uma empresa. Ao mesmo tempo, muitos de nós não associamos essas tarefas com criatividade e ideias.

Peguemos a pesquisa da AMR Research, que publica uma lista anual das 25 melhores empresas em gerenciamento de cadeias de suprimentos. Você poderia se surpreender ao descobrir que a Apple estava em segundo lugar na lista em 2007 e que superou empresas como Anheuser-Busch, Walmart, Procter & Gamble e Toyota, alcançando o topo do pódio já no ano seguinte.

Por que a Apple, uma empresa conhecida por suas ideias e sua capacidade de "pensar diferente", também seria uma das mais organizadas do planeta? A resposta é que – gostem ou não – a organização é a maior força para fazer as ideias se tornarem realidade.

Quando o objetivo é impactar, a organização é simplesmente tão importante quanto as ideias. Considere a seguinte equação:

Criatividade × Organização = Impacto
Se o impacto das nossas ideias é, na verdade, bastante determinado por nossa capacidade de permanecermos organizados, então deveríamos observar que as pessoas com muita criatividade, mas pouco ou nada de organização, produzem, em média, nada. Vamos imaginar um pensador loucamente criativo, mas totalmente desorganizado; a equação seria:

100 × 0 = 0
Isso o faz lembrar-se de alguém? Alguém com muitas ideias, mas que é tão desorganizado que nenhuma delas se torna realidade? Você poderia argumentar que alguém com metade da criatividade e somente um pouquinho mais organizado conseguiria muito mais impacto:

50 × 2 = 100
A equação nos ajuda a entender por que alguns artistas "menos criativos" podem produzir mais trabalho do que seus pares talentosos e inventivos. Uma percepção chocante e talvez infeliz surge: alguém com criatividade média, mas habilidades organizativas estelares conseguirá maior impacto do que os gênios criativos desorganizados

entre nós. Vou pedir para você deixar o julgamento artístico de lado enquanto consideramos alguns exemplos interessantes.

Obras de artistas como Romero Brito (Brasil) e Thomas Kindake (EUA) parecem cruzar o nosso caminho nos vários lugares que frequentamos. Da mesma forma, leitores ávidos podem ter sorte de gostar de um autor que escreveu em sua vida muitos e muitos livros, como James Patterson, Sidney Sheldon e Paulo Coelho. Eles são exemplos de pessoas criativas que geraram um grande conjunto de obras, em geral empregando muitas pessoas para ajudar na produção e distribuição de seu trabalho. Em relação a isso, são líderes de grandes empresas. No entanto, apesar da enorme base de fãs, são sempre atacados pelos críticos em suas áreas por serem pouco imaginativos e excessivamente produtivos.

Patterson tem o recorde da lista de livros mais vendidos do New York Times, com 39 titulos. De acordo com seu seu site, em 2007, um a cada quinze livros do gênero vendidos eram de sua autoria. Já ultrapassou a marca de 150 milhões de livros vendidos no mundo todo, e muitos deles já saem pré-contratados para séries e filmes de televisão. Não é surpreendente que ele tenha começado a sua própria empresa, a James Patterson Entertainment, e seja conhecido por trabalhar em mais de cinco livros ao mesmo tempo.

Em uma publicação específica da área editorial, o *Publishers Lunch*, foi expeculado que, se Patterson tivesse sua própria editora, em 2006 "ele estaria em quarto lugar por *best-sellers* mais vendidos — à frente da HarperCollins, uma das maiores editoras." Não é surpresa que tenham comparado o processo criativo de Patterson ao de uma fábrica. Patrick Anderson, crítico do *Washington Post*, descreveu Patterson em uma resenha como "odioso, o mínimo denominador comum da escrita cínica, enxovalhada, feita em uma linha de montagem". Outros fustigaram a similaridade dos enredos de seus romances.

Quanto à visão de Patterson sobre seu sucesso, ele atribui isso a um "instinto correto — a capacidade de sentir o que vai seduzir muitas pessoas". A incrível produtividade de Patterson pode ter nascido em sua vida pregressa. Antes de escrever seu primeiro livro, Patterson era o CEO da J. Walter Thompson, uma das maiores agências de publicidade do mundo. Para subir a escada até o topo, ele se desenvolveu como líder e organizador, características que o tornaram um escritor tão conhecido. Independentemente do que dizem os críticos, Patterson transforma suas ideias em realidade em uma taxa quase alarmante. E, apesar do que você possa pensar das ideias dele, ele é, inegavelmente, prolífico e consistente. Em nossa equação criatividade *versus* organização, ele é ou 50×100 ou 100×100, e seu impacto é nada menos que notável.

Kinkade é igualmente prolífico. O incrível número de quadros que sai de seu estúdio é espantoso. Alguns podem argumentar que muitas de suas obras parecem iguais ou são reutilizadas para diferentes objetivos. É descrito em um livro, *The rebel sell*, como "tão espantoso que é preciso ver para acreditar". Existem até *sites* de humor que parodiam o trabalho por ser clichê e produzido em massa. Alguém pode argumentar que esse tipo de trabalho não mostra ideias novas, mas é produzido, divulgado e distribuído de forma eficiente e bem-sucedida.

Em nossa equação Criatividade $\times$ Organização = Impacto, tanto Patterson como Kinkade são excepcionalmente fortes no lado da organização e, como resultado, têm causado um impacto incrível em suas respectivas áreas. Daí você pode ver que o lado "organização" da equação merece tanto foco quanto o lado "criatividade". Por quê? Porque, afinal, o que você quer é causar impacto com suas ideias.

Apple, Kinkade e Patterson são apenas alguns exemplos do poder do lado da organização na equação. Em meio ao prazer de gerar ideias, vale a pena usar um pouco de tempo para desenvolver sua capacidade de organizá-las — e os recursos exigidos para ficar organizado.

A noção de gastar energia para levar adiante as coisas em lugar de criar novas possui pouco apelo para a mente criativa, e isso é compreensível. Em vez de forçar algo que não é natural, devemos entender o valor da organização e desenvolver uma abordagem criativa para isso.

O MÉTODO DE AÇÃO: O TRABALHO E A VIDA INCLINADOS PARA A AÇÃO

QUANDO FAZEMOS *brainstorm*, geramos ideias para resolver problemas – ou para criar algo completamente novo. Quando uma ideia é apresentada, brincamos com ela e a expandimos sem limites. Cada pergunta e extrapolação cria ideias alternativas e tangenciais. Uma embriagadora troca criativa começa e geralmente leva a lugares inesperados.

Mas a desconfortável realidade é que as sessões de *brainstorming* geralmente levam a resultados desapontadores. Ideias com grande potencial vão sumindo das mentes dos participantes a cada ideia adicional jogada no bolo. Fortes possibilidades são ultrapassadas por alternativas – não necessariamente melhores. No fim, precisamos nos render ao relógio e nossa escolha acaba sendo ou a última ideia mencionada ou a consensual – sendo esta uma versão mais aguada de alguma ideia inicial que continuou na discussão. Voltamos às nossas mesas com um punhado de notas e esboços conflitantes, geralmente sem nenhuma certeza do que deveríamos fazer, o que acontece e quando e do que mais precisa ser pesquisado ou discutido antes que possamos partir para a ação.

Um excesso de ideias é tão perigoso quanto nenhuma. A tendência de pular de ideia em ideia dispersa sua energia horizontalmente em vez de lançá-las verticalmente. Como resultado, você vai lutar para fazer algum progresso. Em uma sessão sem limites de *brainstorming*, a troca desenfreada de ideias é excitante. Mas, sem algum tipo de estrutura, você pode se tornar viciado na loucura de gerar ideias.

Reconhecer a tendência de deleitar-se com a geração de ideias é o primeiro passo em relação ao gerenciamento de sua energia para garantir um resultado tangível. Apesar de ser possível desfrutar da criação de ideias brilhantes e imaginar novas possibilidades, toda ocasião de criatividade deve ser vista com um pouco de ceticismo e uma tendência à ação. *Brainstorms* devem começar com uma pergunta e o objetivo de capturar algo específico, relevante e que pode levar à ação. Você deveria sair de cada sessão com mais convicção do que quando começou.

Randall Stutman, conhecido *coach* de altos executivos, geralmente diz que os maiores líderes são "otimistas sobre o futuro, mas pessimistas sobre tarefas". No mundo criativo, líderes devem ficar animados com o potencial de novas ideias, mas deveriam também ficar muito preocupados com a forma de gerenciar suas ideias como projetos.

No fim, toda ideia está associada a um projeto. Pode ser pessoal (uma festa de aniversário que você está planejando) ou profissional (o lançamento de um novo produto), todo projeto gira ao redor de ideias que você quer transformar em realidade.

Arregace as mangas, vamos começar sujando as mãos. O termo "gerenciamento de projetos" faz a maioria das pessoas criativas se retraírem. Gráficos Gantt elaborados e procedimentos complicados empesteiam grandes e pequenas burocracias. Dependendo de sua visão e de sua forma de pensar, a experiência de organizar e gerenciar um projeto pode ser infeliz ou profundamente satisfatória. Mesmo assim, as ideias se transformam em realidade somente como resultado de um fluxo de trabalho bem gerenciado. Então, procure me acompanhar enquanto tento convencê-lo de como você deveria gerenciar seus vários projetos.

Minha equipe e eu observamos como centenas de indivíduos e equipes gerenciam projetos. Durante esses anos, recolhemos as melhores práticas e desenvolvemos um método para gerenciar projetos criativos que funciona por todo o espectro — da menor tarefa pessoal a enormes esforços corporativos envolvendo centenas de participantes e dezenas de pontos de controle. O método de ação pode ser dominado e adotado até pelas mentes criativas mais dispersivas.

RECONSIDERE COMO VOCÊ GERENCIA PROJETOS

O MÉTODO DE AÇÃO FAZ que questionemos muitas das práticas tradicionais de gerenciamento de projetos. Lidar com um projeto como algum objetivo grande e denso criado pelos escalões mais altos e distribuído para as massas não é mais o ideal. Para que as ideias se tornem realidade, a ênfase tradicional do planejamento e da comunicação constante de cima para baixo é desajeitada e contraprodutiva.

Descobrimos que, mesmo dentro de grandes empresas burocráticas com sistemas elaborados e formais de gerenciamento de projetos, as pessoas mais produtivas possuem seus próprios processos paralelos para conduzir projetos com maior flexibilidade. Esses sistemas pessoais compartilham uma série de princípios comuns.

Uma tendência implacável à ação faz as ideias avançarem. A maioria das ideias vem e vai se a questão do *follow-up* é abandonada à própria sorte. Os passos seguintes ficam perdidos em meio à uma salada de notas e esboços, e ferramentas criativas típicas como cadernos em branco só contribuem para o problema. Para cada ideia, você deve capturar e enfatizar seus "itens de ação".

A ação deve ser pessoal. Colocar uma pessoa responsável por gerenciar os passos seguintes geralmente não funciona. Uma pessoa responsável por anotar e depois enviar as anotações para todos os membros da equipe faz as responsabilidades serem vagas e impessoais. Cada pessoa precisa "ser dona" de seus próprios itens de ação. Quando as tarefas estão escritas em sua própria letra, em seu próprio idioma, elas se tornam familiares e é mais provável que sejam executadas.

Realizar e organizar muitas notas não vale o esforço. Descobrimos que anotações são raramente usadas e podem até atrapalhar a captura e o *follow-up* dos itens de ação. O processo de tomar muitas notas na verdade interfere com a tendência à ação que é necessária para um ambiente criativo e produtivo. Se você simplesmente captura as ideias e depois se direciona a realizar as ações exigidas para um projeto, já está bem avançado no jogo.

Use sistemas com *design* adequado para manter-se organizado. Cor, textura, tamanho e estilo dos materiais usados para capturar os itens da ação são importantes. As pessoas que desenvolveram sistemas pessoais para a produtividade durante anos afirmam que o *design* faz seus itens de ação mais atrativos (e assim é mais provável que sejam realizados).

Organize-se no contexto dos projetos, não do local. Hoje em dia, o trabalho nem sempre acontece no escritório. A produtividade não tem a ver com gerenciar uma única caixa de entrada de e-mails ou manter diferentes listas do que deveria ser feito "no trabalho" ou "em casa". Em vez de usar uma abordagem centrada no local de atividade para o fluxo de trabalho e para a programação, descobrimos que a abordagem centrada no projeto é uma prática melhor para a produtividade entre os inovadores que mantêm a liderança.

O "método de ação" leva todos esses princípios em consideração.

DIVIDA OS PROJETOS EM ELEMENTOS PRIMÁRIOS

SE VOCÊ CONHECE ALGO sobre mágica, sabe que os melhores truques são os mais simples de realizar. A levitação baseia-se em polias, dólares flutuando precisam de linhas e a moeda que desaparece depende de um bolso escondido; todos os truques mais incríveis possuem explicações "óbvias". Da mesma forma, os melhores métodos de gerenciamento de projetos são simples e intuitivos. Eles o ajudam a capturar ideias e fazer algo com elas – nem mais, nem menos. Essa eficiência simples o mantém engajado e o ajuda a realizar suas tarefas com o menor esforço possível.

A primeira premissa é algo bem simples: tudo é um projeto. Isso se aplica não só à grande apresentação na próxima quarta-feira ou à nova campanha que você está preparando, mas também às coisas que você faz para promover a sua carreira (um projeto de "desenvolvimento de carreira") ou o desenvolvimento de funcionários (cada um de seus subordinados representa um único "projeto", no qual você acompanha o desempenho e os passos que planeja dar para ajudá-lo a se desenvolver como profissional). Gerenciar suas finanças é um projeto, da mesma forma que fazer seu imposto de renda ou organizar a mudança para sua nova casa.

Como a maioria das pessoas criativas, tenho certeza de que você luta para fazer progressos em todos os seus projetos, sendo a imensidão deles à sua frente o maior desafio! Mas, depois que você classifica tudo como projeto, pode começar a estruturar cada um deles iniciando por seus componentes primários: itens de ação, referências e tópicos com potencial.

Todo projeto na vida pode ser reduzido a esses três componentes primários. **Itens de ação** são as tarefas específicas e concretas que ajudam a avançar: reescrever e mandar o memorando, postar a nota no *blog*, pagar a conta de luz etc. **Referências** são todos os folhetos, esboços, notas, minutas de reunião, manuais, *sites* ou discussões em andamento que você gostaria de usar como referência. É importante notar que as referências *não* estão ligadas à ação – estão ali simplesmente para ajudar quando você estiver focado em algum projeto em particular. Finalmente, há os **tópicos com potencial** – coisas que não fazem parte da ação imediata, mas podem ser usadas algum dia. Pode ser uma ideia para um cliente, mas que ainda não tem orçamento. Ou talvez seja algo que você tem a intenção de fazer em um projeto especial em algum momento no futuro.

Vamos considerar o exemplo de um projeto para um cliente. Imagine uma pasta com o nome do cliente. Dentro da pasta você teria muitas referências – talvez uma cópia do contrato, notas de reuniões e informação sobre o cliente. Itens de ação – as coisas que você precisa fazer – poderiam estar escritos como em uma lista, anexada na frente da pasta. E depois, talvez em uma folha grampeada do lado de dentro da pasta, sua lista de tópicos com potencial pode servir para marcar as ideias que ainda não levam a ações, coisas que vão surgindo durante o trabalho no projeto – as coisas que você pode querer fazer no futuro.

Com essa hipotética pasta em mente, você pode imaginar que a maioria de seu foco estaria nos itens de ação, visível na capa da pasta. Esses itens estão sempre em primeiro plano. Eles estão à vista sempre que você olha para sua pasta de projetos. E, quando você revisa todas as suas pastas de projetos diariamente, o que realmente está fazendo é olhar para todos os itens pendentes.

Chamamos isso de "método de ação" porque nos ajuda a viver e trabalhar com o propósito de agir. Os itens de ação em cada projeto devem ser mais visíveis para nós e os outros componentes devem estar suficientemente organizados para que tenhamos a tranquilidade de não estarmos nos afastando dela.

Projetos pessoais também podem ser divididos entre esses três elementos. Se você tirar algum tempo para olhar em cima da sua mesa, poderia encontrar notas ou lembretes que deixou para si mesmo. Talvez veja uma conta que precisa ser paga (um item de ação no projeto "Gerenciamento do lar") ou uma cópia de seu seguro de carro (uma referência no projeto "Seguro"). Talvez seja um recorte de uma reportagem sobre um ótimo lugar para as férias que você quer visitar algum dia (um tópico com potencial no projeto "Planejamento de férias").

Considere alguns projetos em sua vida — algo relacionado ao trabalho e algo pessoal. Os componentes desses projetos estão tanto na sua cabeça como ao seu redor — frases em e-mails, esboços em cadernos e rabiscos em Post-it. O método de ação começa ao considerarmos tudo ao nosso redor com as lentes de um projeto para depois dividi-lo.

Talvez você tenha uma ideia para um roteiro que gostaria de escrever um dia. Se for assim, inclua um tópico com potencial no projeto "Novas ideias para roteiro" ou talvez em um projeto mais geral de "Ideias ousadas", que você pode revisar algumas vezes por ano. Enquanto alguns projetos, na realidade, não conquistarão muito de seu foco, eles vão alimentar os tópicos com potencial e as referências que você gera.

Claro, sua esperança é que algum dia alguns desses tópicos com potencial sejam convertidos em itens de ação — que vão levar, por sua vez, a um novo e mais ativo projeto, como produzir seu roteiro. Itens de ação são os blocos centrais da realização. Mas às vezes, em certos momentos da vida, não é possível realizar determinadas ações. Por essa razão, não é nenhum problema ter projetos inativos cheios de itens de referência e tópicos com potencial. Chegará o momento em que alguns desses projetos voltarão à superfície com alguns itens de ação.

Enquanto você continua com seu trabalho diário, deve pensar em termos de quais projetos estão associados com o que você está fazendo naquele momento. Se for uma reunião, uma sessão de *brainstorm*, uma conversa casual, um texto, um sonho ou um momento *eureca* no chuveiro, você vai gerar itens de ação, referências e tópicos com potencial que podem ser acessados rapidamente. Tudo está associado a um projeto. Infelizmente, muitas coisas serão perdidas a menos que você consiga capturá-las e ordená-las de forma apropriada.

Nas próximas seções, vamos explorar os três principais componentes de projetos e como eles deveriam ser gerenciados. Mas a principal descoberta é a de que tudo na vida é um projeto, e todo projeto deve ser dividido em itens de ação, referências e tópicos com potencial. Simples assim.

Claro que, na era digital, a informação chega até nós de várias formas. Projetos nem sempre são mantidos em pastas. Na verdade, projetos são gerenciados em muitas mídias. E os componentes dos projetos chegam na forma de e-mails, atualizações de *status*, arquivos para *download* e uma avalanche de *links* que salvamos diariamente. Mesmo assim, o método de ação ainda é válido; tudo pertence a um projeto. Com ele em mente, podemos usar melhor as ferramentas on-line e offline que organizam as informações.

A IMPORTÂNCIA DOS ITENS DE AÇÃO

Os ITENS DE AÇÃO são os componentes mais importantes de projetos — o oxigênio para mantê-los vivos. Sem itens de ação, não há ação nem resultado. O que acontecerá com qualquer ideia depende dos itens de ação que são capturados e depois completados por você ou delegados a outra pessoa. Itens de ação são referenciados e tratados como sagrados em qualquer projeto.

Um líder obcecado por ação que conheci durante minha pesquisa foi Bob Greenberg, presidente da renomada agência digital R/GA, que trabalha com clientes como Nike e Johnson & Johnson. Greenberg é admirado por seus colegas. Entre os traços usados para descrevê-lo, "produtivo" e "compulsivo" estão entre os primeiros da lista.

Greenberg usa o mesmo ritual matutino para gerenciar seus itens de ação desde 1977. Usando somente certos tipos de canetas e certo tipo de caderno, Greenberg reserva um tempo diário para processar os itens do dia e sua agenda.

Greenberg compartilhou comigo que ele usa duas canetas-tinteiro (somente da marca Pelikan) – uma maior com tinta azul e outra mais fina com tinta marrom – para escrever seus itens de ação e um marcador de texto para fazer uma série de riscos diagonais à direita de cada passo, que indicam a prioridade. "Três riscos e um ponto preto significam o mais importante", ele explicou. Também esboça sua agenda diária no alto da página com um lápis – e com uma caneta ele escreve os nomes de cada grande campanha em que a R/GA está trabalhando naquele dia.

"Tenho um sistema de duas páginas com múltiplas listas de ação", ele explicou. "Começando do lado esquerdo, tenho as coisas que peço para meus assistentes fazerem, depois – à direita desta lista – tenho as coisas que preciso fazer pessoalmente. Depois, à direita disso..."

Conforme Greenberg explicava ficou claro que, para ele, haviam sido muito úteis a consistência e o enorme senso de lealdade pelo inusitado sistema inventado por ele.

"Acredito que, se não escrever, não será registrado", ele me contou. "Sei que isso parece estranho, mas me ajuda a saber exatamente o que fazer. Monto uma nova versão todo dia, transfiro os itens antigos toda manhã e já faço isso há mais de trinta anos". Greenberg admite que sua forma de trabalho é "certamente obsessiva", mas funciona.

Os detalhes do método de Greenberg – os materiais que usa, os símbolos que designa a cada item e o tempo que regularmente aplica para organizar suas ações a cada manhã – o fazem se sentir bem com seu sistema. Afinal, uma metodologia só é eficiente quando é praticada de forma consistente. Apesar de o sistema de cada pessoa ser diferente, as mais produtivas prestam atenção aos mínimos detalhes de seus rituais para se manter engajadas. Quando você desenvolve seu próprio sistema para gerenciar os itens de ação, é importante que ele seja feito para "colar".

Itens de ação são coisas específicas que você deve fazer para uma ideia avançar. Quanto mais claro e concreto for um item de ação, menos inércia vai encontrar ao tentar realizá-lo. Se um item de ação é vago ou complicado, você provavelmente vai ignorá-lo em favor de outros mais realizáveis. Para evitar isso, comece todo item de ação com um verbo:

Ligar para conversar com o programador...
Instalar novo *software* para...
Pesquisar a possibilidade de...
Fazer uma maquete de...
Atualizar documento XYZ para...
Discutir questão do...

Verbos nos ajudam a entender rapidamente os itens de ação, indicando de forma eficiente que tipo de ação é exigido. Por razões parecidas, itens de ação deveriam ser curtos.

Imagine que nós dois estamos conversando em uma reunião. Eu descrevo o que quero realizar e mostro alguns diagramas que descrevem melhor a ideia. Você responde dizendo: "Estou vendo o que você quer fazer. Conheço um cara que montou um ótimo *site* com o mesmo tipo de funcionalidade." Dito isso, registro um item de ação para fazer *follow-up* com você em relação ao *site*:

> *Follow-up* com [seu nome] ref.: *site* do cara com funcionalidade parecida.

Um colega poderia dizer: "Vamos rever aquele velho rascunho e considerar o plano inicial que tínhamos não seria melhor? Queria saber o que você acha." Nesse caso, seu item de ação seria:

> Imprimir velho rascunho, *follow-up* com [nome do colega] ref.: plano alternativo.

Às vezes você vai se encontrar esperando uma resposta a um e-mail ou uma ligação. É fácil esquecer algo que é a responsabilidade de outra pessoa! Para que você se lembre de fazer *follow-up* se não obtiver uma resposta, pode ser bom criar um item de ação separado.

Itens de ação surgem de toda troca de ideias. Mesmo os menores itens de ação, quando capturados, farão uma grande diferença porque criam impulso. Um item de ação perdido pode levar a problemas de comunicação, mais reuniões, e podem ser a diferença entre sucesso e fracasso em qualquer projeto.

Aqui mostro algumas práticas centrais:

Capture itens de ação em todos os lugares. Ideias não se revelam somente em reuniões, nem os itens de ação. As ideias surgem quando você está lendo um artigo, tomando banho, pensando ou preparando-se para dormir. Se você pensa em alguém que conheceu há um mês e está relacionado a certo projeto, mas ainda não fez o *follow-up*, crie um item de ação para "fazer o *follow-up* com

XYZ em relação a...". Se abre seu e-mail e encontra um convite de casamento, seu item de ação é responder ao convite.

Pense em itens de ação como algo amplo – como qualquer coisa que você deve fazer (ou delegar) – e registre todos, não só aqueles que surgem durante reuniões.

Ter algum tipo de bloco de notas ou aparelho de gravação à mão permite que você capture as ações assim que elas vêm à mente. Nossa equipe desenvolveu a versão para iPhone do método de ação on-line porque os usuários queriam uma forma rápida e "em qualquer momento, qualquer lugar" para registrar itens de ação e atribuí-los a um projeto. Independentemente da mídia que você escolheu usar para registrar seus itens de ação, ela deve sempre estar disponível. O seu sistema deve tornar fácil voltar aos seus itens de ação mais tarde e relembrar claramente o que você estava pensando. E, o mais importante, você sempre deveria ser capaz de distinguir entre itens de ação e referências – as notas regulares e ideias que não se traduzem em ação, que você pode também ter registrado.

Um item de ação sem dono nunca será realizado. Todo item de ação deve ter um dono. Apesar de alguns itens de ação envolverem a participação de pessoas diferentes, a responsabilidade, no fim do dia, deve estar nas mãos de apenas um indivíduo. Algumas pessoas que lideram equipes, ou possuem assistentes, vão registrar itens de ação e delegá-los para outros. No entanto, mesmo quando o ônus para completar um item de ação foi delegado a outra pessoa, ele ainda deve pertencer a – e ser seguido por – quem tem a responsabilidade final.

A razão disso tem a ver com responsabilidade. A prática de simplesmente mandar um e-mail a alguém com uma tarefa a ser completada não dá nenhuma garantia de que ela será feita. Por essa razão, os itens de ação que são sua responsabilidade devem permanecer em sua lista até ser finalizados – mesmo quando você os delegou a outros. Simplesmente anotar que o item de ação foi delegado e a quem já é suficiente:

> Imprimir rascunho antigo, *follow-up* com Alex ref.: outro plano (Oscar está fazendo isso).

Trate os itens de ação gerencial de forma diferente. Além dos itens de ação que só você pode fazer, há outros três tipos de itens de ação que você deveria pensar como líder de um projeto. O primeiro tipo são os itens delegados, que acabamos de discutir. O segundo tipo são os "itens de ação de garantia". Às vezes você quer criar um item de ação para garantir que algo será completado de forma apropriada no futuro. Em vez de ser uma preocupação em sua equipe, você pode criar um item de ação que comece com a palavra "Garantir". Por exemplo, "Garantir que Dave atualize o artigo com o novo título". Se você usa uma ferramenta digital para gerenciar seus itens de ação, sempre poderá dar uma busca na palavra "garantir" (para só visualizar itens de ação que comecem com "garantir") e passar algum tempo verificando se esses itens foram realizados.

Criar "itens de ação de garantia" é uma alternativa melhor do que enviar vários e-mails de lembrete a sua equipe quando você está preocupado com algo que não está sendo feito. O último tipo de item de ação gerencial é o "item de ação de aguardar". Quando você deixa uma mensagem na secretária eletrônica de alguém, envia uma mensagem a um cliente em potencial ou responde a um e-mail e o apaga de sua caixa de entrada, pode acabar esquecendo-se de fazer *follow-up* se a pessoa não responder. Ao criar um item de ação que começa com "Aguardar", pode manter o registro de toda bola em jogo. Quando eu respondo via e-mail para um cliente em potencial, crio um item de ação do tipo "Aguardar confirmação do Joe da Apple ref.: consulta", salvo no projeto "Trabalho de consultoria". Em meu gerenciador de tarefas on-line vou colocar como data limite uma semana depois. Depois de uma semana, ele me avisa para fazer o *follow-up*. Às vezes procuro em todos os meus itens de ação, em todos os projetos, aqueles com a palavra "Aguardar" e dedico uma hora para dar seguimento a tudo.

Promova uma cultura orientada à ação. Sua equipe precisa de uma cultura orientada à ação para capitalizar a criatividade. Pode parecer um pouco chato ou até agressivo ficar pedindo que as pessoas registrem os itens de ação no papel, mas estimular uma cultura na qual tais lembretes são bem-vindos ajuda a garantir que os itens não se percam. Algumas das equipes mais produtivas que já observei se sentem confortáveis estimulando os outros a registrarem itens de ação. Além do questionamento amigável no estilo "tomou nota disso?", algumas equipes tiram alguns minutos no fim das reuniões para que todos recitem os itens de ação que registraram. Isso quase sempre revelará algum item de ação perdido ou duplicado na lista de duas pessoas. Essa prática simples pode economizar tempo e evitar situações nas quais, semanas mais tarde, as pessoas fiquem se perguntando quem estava fazendo o quê, ou como algo passou despercebido entre outras coisas.

Afeição sustenta comprometimento. Quando falamos da mecânica de registrar itens de ação, você deve encontrar a solução que for melhor para suas necessidades. Lembre-se sempre de que o *design* de suas ferramentas de produtividade afetarão a sua vontade de usá-las. A atração geralmente traz compromisso: se você gosta do seu método de ficar organizado, é mais provável que o use de forma consistente. Por essa razão, pequenos detalhes como as cores das pastas que usa ou a qualidade do papel podem, na verdade, aumentar sua produtividade.

Em seu livro, *The substance of style*, a jornalista Virginia Postrel compartilha uma história sobre a afirmação do guru da usabilidade Donald Norman de que "coisas atrativas funcionam melhor". Quando os primeiros monitores de computador coloridos começaram a ser vendidos, Norman quis justificar com sua frase o valor de comprar os monitores mais caros em vez dos tradicionais em preto e branco. Hoje em dia, essa decisão poderia parecer óbvia, mas, antes da internet e das impressoras coloridas, o valor de um monitor colorido para funções como processamento de texto era discutível. "Eu peguei um monitor colorido e o usei em casa por uma semana", lembra-se Norman. "Quando a semana terminou, tinha descoberto duas coisas. A primeira era que eu estava certo, não havia absolutamente nenhuma vantagem em usar o monitor colorido. A segunda era que eu não ia devolvê-lo." Em sua análise das descobertas de Norman, Postrel explica: "A diferença não está no 'processamento de informações', mas no 'afeto', em como as pessoas se sentiram em relação ao trabalhar com os monitores coloridos".

Em outras palavras, a estética das ferramentas que você usa para tornar as ideias realidade também é importante.

MANTENHA UMA LISTA DE TÓPICOS COM POTENCIAL

Durante uma sessão de *brainstorm*, no meio do trabalho de um projeto ou durante uma viagem à noite, é possível que você tenha ideias que ainda não serão transformadas em ação. Por exemplo, você pode pensar em algumas coisas que faria em algum projeto atual se tivesse mais tempo ou um orçamento maior. Ou pode ter algumas ideias vagas para novos projetos que serão considerados no futuro. De todas as formas, essas ideias serão esquecidas se não forem resgistradas adequadamente e se você não tiver um ritual para voltar a elas em algum momento.

Você não vai querer registrar esses pensamentos como itens de ação porque ainda não são ações. E registrá-las entre suas outras notas de referência não é suficiente porque é pouco provável que você releia referências a projetos antigos no futuro. Chamamos essas ideias de "tópicos com potencial" – coisas que ainda não podem ser transformadas em ação, mas que poderão algum dia (e vale a pena revisitá-las periodicamente).

Às vezes, essas ideias são as melhores. Diz a lenda que a melodia do sucesso "Sweet Baby James" surgiu na cabeça do compositor James Taylor durante uma viagem de carro. Para tais ocasiões, Taylor carregava sempre um microgravador que usava para registrar melodias ou ideias que queria rever. Enquanto dirigia, ele pegou o gravador e recitou para si o conceito e a melodia – junto com uma nota para brincar com a ideia da música. Aparentemente só depois de muito tempo ele ouviu seus pensamentos gravados e escreveu a música.

Somos humanos, não máquinas. Com nossa criatividade vem também a tendência de pensar em ideias e ações que poderíamos querer realizar, mas não naquele momento. A geração de ideias é normalmente tangencial aos projetos ativos em nossas vidas. Mas o fato de o momento não ser apropriado não quer dizer que não vale a pena considerar esse pensamento mais tarde.

A lista de tópicos com potencial mantém suas ideias – e as possíveis ações futuras que você precisaria tomar para torná-las realidade – vivas. É crítico para causar impacto com sua criatividade porque, frequentemente, grandes ideias sobre as quais ainda não podemos atuar são rapidamente esquecidas.

Monte sua lista de tópicos com potencial. De modo funcional, essa lista é fácil de empregar. Reserve uma área abaixo ou ao lado de suas anotações – ou separe uma página limpa – para registrar os tópicos que surgirem. Com o aumento dos tópicos durante o dia, você vai querer usar um repositório central para guardá-los. Eles podem ser colocados dentro da pasta de um projeto atual (um cliente em particular, por exemplo) ou em uma pasta geral reservada para ideias distantes, como o livro que você pensou em escrever ou uma empresa que gostaria de abrir.

Já vi várias pessoas reservarem uma área ao pé de toda página de notas. Elas a preenchem de tópicos com potencial que surgem durante uma reunião e depois, no fim do dia, colocam-nos em algum tipo de pasta ou arquivo de texto em seus computadores.

Crie um ritual para a lista de tópicos com potencial. Claro, colocar ideias em uma lista não é suficiente. Você precisa revê-la periodicamente e cuidar da lista conforme o tempo passa. Faça disso um hábito. O diretor de uma agência que entrevistei mantém sua lista em um documento do Word. No último domingo de cada mês, ele imprime esse documento de dez ou quinze páginas e, caneta em uma mão e cerveja na outra, passa meia hora editando. Ao rever cada anotação, ele a corta, a mantém ou – em alguns casos – a transforma em uma série de itens de ação.

Considere fazer uma "revisão dos tópicos com potencial" todo mês. Marque em sua agenda. Crie um ritual para o período que você passa revisando as ideias iniciais que podem, algum dia, transformar seu trabalho ou sua vida. É fácil esquecer sua lista (e, na maior parte do tempo, você deveria mesmo!), mas é preciso atiçá-la de vez em quando.

Ao revisar sua lista, você vai descobrir que alguns tópicos de repente tornaram-se objetivos realistas e podem levar a ações, enquanto outros tornaram-se irrelevantes. Às vezes, um tópico com potencial mantido na lista há muito tempo é, na verdade, a solução para um problema que você está enfrentando.

VALE A PENA GUARDAR – MAS NÃO VENERAR – REFERÊNCIAS

O TERCEIRO E FINAL componente de todo projeto são as "referências". A tendência de tomar notas, fazer esboços e guardar compulsivamente vários folhetos e materiais de referência é algo que vem de nossos primeiros dias na escola. Fomos treinados a escrever tudo que aprendemos, fosse ou não relevante, e geralmente memorizávamos tudo que tínhamos escrito para o dia da grande prova.

Para muitos, esse hábito de registrar e organizar tudo se tornou um comportamento consumidor de tempo e espaço sem nenhum retorno. Tomamos notas em reuniões, vemos essas notas se acumulando em uma pilha nas nossas mesas junto com outros papéis e artigos de referência, e depois terminamos tirando um tempo para "arquivá-los" em algum tipo de sistema elaborado. Para quê?

Dois dos maiores benefícios de guardar referências com algum sentido de organização – ainda que raramente as usemos – é simplesmente retirar o entulho da mesa e trazer paz de espírito. Gordon Bell, pesquisador da Microsoft, levou o gerenciamento de referências ao extremo quando decidiu registrar todos os dados pessoais de sua vida – e-mails, conversas telefônicas, pessoais (usando uma câmera de vídeo presa a sua cabeça) e até dados de sua saúde (por meio de um monitor de frequência cardíaca).

O registro desses dados acontecia automaticamente, permitindo que Bell continuasse com sua vida sabendo que tudo estava sendo documentado. Seu experimento terminou com um enorme arquivo de itens de referência de sua vida. Este trabalho, que ele compartilha em seu livro *O futuro da memória,* era dar sentido a tudo aquilo. Um dos maiores benefícios descobertos por Bell foi a liberação de sua "memória baseada na carne", permitindo que realizasse coisas mais criativas. Ao deixar de lado as coisas estáticas que tipicamente sobrecarregavam sua mente – e se empilhavam ao seu redor —, ele acabou se tornando mais produtivo. Mas a pergunta que permanece para nós que não temos câmeras de vídeo na cabeça e, portanto, devemos registrar e organizar as informações manualmente é: Quanta energia devemos investir no registro e na organização de referências?

Acontece que a maioria das pessoas raramente faz alguma referência a toda essa documentação que vai se entulhando em nossa vida. Embora apreciemos a ideia de ter uma oportunidade de nos referir aos pensamentos ou pontos principais recolhidos de reuniões e *brainstorms* do passado, raramente temos o luxo de realmente fazer isso. Para dizer a verdade, quase não conseguimos completar nossos itens de ação em meio ao caos do dia a dia, muito menos voltar a olhar as referências.

Você deve encontrar formas, usando, se possível, a tecnologia, de gerenciar as referências de seus projetos sem comprometer a energia preciosa que possui para as ações.

Referências obstruem sua tendência para a ação. É comum que itens de ação se percam na confusão das coisas sobre as quais não podemos atuar. Quanto mais energia você gasta tomando notas, maior a probabilidade de perder a oportunidade de registrar algum item de ação valioso. Mesmo se conseguir registrar os itens de ação, eles geralmente se perdem entre esboços, pensamentos e outras notas. O caderno se fecha e — horas depois — os itens de ação desaparecem de sua mente junto com o potencial que possuem.

Mesmo com um sistema bem organizado para gerenciar referências, você poderia considerar a redução de suas tendências de ser um escriba.

Use uma pilha (ou arquivo) cronológica. Já observei algumas pessoas que abandonam arquivos de projetos e intricados sistemas de gerenciamento de referências e preferem manter uma única pilha cronológica com todas as notas ou os papéis de todas as reuniões — todos os projetos juntos. Na era dos aplicativos e *softwares* de agendamento on-line, é mais fácil do que antes encontrar as datas exatas de reuniões no passado. Simplesmente coloque suas notas de toda reunião (independentemente do projeto) no alto de uma pilha de referências, logo depois de cada reunião. Todo mês, coloque essa pilha em uma pasta de arquivo com data. Com a ajuda de sua agenda, é fácil encontrar as notas e outras referências de qualquer reunião de que você já participou. Essa é uma forma eficiente e simples de encontrar notas de projetos em particular. Exige pouco tempo e organização, e mantém o resto de seu espaço limpo de arquivos cheios de pó.

Sinta o fluxo das referências. Você tem um artigo, um *site* ou uma nota que poderão ser valiosos mais tarde. Os passos seguintes farão a referência ser facilmente acessada quando você precisar dela.

Questione. "Qual é a relevância? Qual é o objetivo de usar essa referência?" Se não conseguir responder a essas perguntas, jogue a referência fora! Algumas pessoas afirmam que devem escrever para aprender e entender conceitos. Isso está bem, mas considere a possibilidade de descartar as notas e guardar somente os itens de ação. No entanto, e se a referência for importante e precisar ser guardada para mais tarde?

Coloque uma etiqueta. Pergunte-se: "Como eu devo identificar essa referência para poder encontrá-la intuitivamente mais tarde?" Se você mantém um arquivo cronológico, a etiqueta só precisa conter a data. De outro modo, considere qual nome de projeto é o mais indicado.

Arquive. Se estiver usando um sistema baseado em papel, coloque a referência no arquivo (ou pilha, se estiver organizando de forma cronológica junto com seu calendário). Há ótimos *softwares* e aplicativos on-line que vimos ser usados em diversos tipos de áreas. Por exemplo, o Evernote (<http://www.evernote.com>) é um aplicativo que permite aos usuários fazer capturas de tela, gravar textos curtos ou mensagens de voz e depois guardá-las sob etiquetas (nome do projeto). O aplicativo Action Method On-line da Behance também possui um gerenciador de referências que guarda texto e URLs[4] por projeto. Outros aplicativos on-line, como os do Google e Apple, também podem ser usados para guardar referências arquivadas por projeto.

PRATIQUE O MÉTODO DE AÇÃO

O MÉTODO DE AÇÃO SIMPLIFICA o gerenciamento de projeto aos seus elementos mais básicos para que você possa focar sua energia nas coisas importantes, como realmente completar tarefas e fazer progressos. A melhor forma de começar é olhar para alguns projetos atuais por meio das lentes do método de ação. Tente ver cada projeto como uma coleção de três elementos: itens de ação, tópicos com potencial e referências.

Tire um momento para considerar dois "projetos" atuais: um projeto pessoal relacionado com sua família ou lar e um de trabalho. Pense nos itens de ação reais para cada um desses projetos — as coisas que você precisa fazer. Esses itens de ação estão dispersos entre todas as mensagens na caixa de entrada de seu e-mail? Em um caderno ou uma agenda? Esboçados em um guardanapo?

Você tem algum tópico com potencial para esses projetos? E as referências? Estão empilhadas em seu escritório ou guardadas em arquivos onde você nunca vai encontrá-las?

Aqui estão algumas coisas para pensar:

---

[4] *Uniform resourse locator* (URL) é uma convenção que permite localizar e recuperar documentos de referência em sistemas pessoais e redes privadas e públicas, como a internet (N. do R.T.).

Itens de ação não deveriam ser gerenciados por e-mail. Já se pegou relendo e-mails muitas vezes, tentando destilar os itens de ação quando chegou a hora de realizá-los? O e-mail pode matar a produtividade porque a informação sobre as ações que você recebe está sempre escondida no meio de referências. Seus itens de ação ficam escondidos dentro de e-mails e são gradualmente enterrados por outros e-mails. Por essa razão, os itens de ação deveriam ter um espaço (ou sistema) próprio. Vamos discutir como usar o e-mail combinado a um sistema para gerenciar os itens de ação na próxima seção.

Quando é hora de agir, trabalho e vida pessoal colidem (e tudo bem que seja assim). As pessoas tendem a separar as ações que devem tomar em suas vidas pessoais das de suas vidas profissionais. Enquanto as listas formais "coisas a fazer" e os aplicativos ajudam em seu trabalho, anotações coladas na geladeira funcionam em casa. Mas a observação das pessoas mais produtivas revela que itens de ação são itens de ação, independentemente do contexto. As prioridades podem mudar, mas gerenciar todas as ações em um sistema é a melhor coisa. Novas ferramentas on-line de gerenciamento de tarefas com versões móveis ajudam a tornar os itens de ação de sua vida acessíveis onde você estiver. Ao usar o mesmo sistema, você é capaz de priorizar (e completar) os itens de ação sempre que (e onde) quiser. Também vai descobrir que você e sua equipe têm maiores possibilidades de completar itens de ação relacionados ao trabalho quando eles estão combinados com itens de ação pessoais.

Ações são verdadeiramente "delegadas" somente quando são aceitas. Apesar de muitos métodos de gerenciamento de projeto disporem de listas de "coisas a fazer" que múltiplas pessoas podem compartilhar, a responsabilidade verdadeira nunca é alcançada a não ser que os membros de sua equipe decidam aceitar a delegação de seus itens de ação. As tarefas de trabalho não só deveriam ser transparentes para todos os membros da equipe (ou pelo menos para um ou dois colegas), mas seus colegas deveriam aceitar ou rejeitar ativamente os itens de ação que forem delegados para eles. Esse "aperto de mão"[5] conceitual cria responsabilidade e elimina os ambíguos itens de ação que atrapalham o progresso de qualquer projeto.

Equipes que trocam itens de ação por e-mail podem concordar que alguma forma de aceitação ou confirmação é necessária. Quando um colega envia um item de ação que é pouco claro ou incorreto, você deve rejeitá-lo e procurar maiores esclarecimentos. Fazer isso vai evitar que o item de ação fique vagando no reino da ambiguidade. Para equipes que usam as listas de papel ou as tabelas em lousas, a melhor forma é fazer todos os membros escreverem seus próprios itens de ação (eles mesmos) – mesmo os que foram delegados. Isso implica entender e aceitar. Independentemente do método para gerenciar os itens de ação, é vital que você e seus parceiros de projeto nunca aceitem um item de ação a menos que ele esteja claro e você seja capaz de executá-lo.

Tarefas sequenciais são melhores que multitarefas. É impossível completar dois itens de ação ao mesmo tempo, o que sugere que a "multitarefa" seja um mito. No entanto, você pode focar facilmente mais de um projeto ao mesmo tempo se os itens de ação em todos os seus projetos estiverem definidos e organizados. Você pode querer pular rapidamente entre projetos com o menor tempo de ócio possível. O segredo é dividir completamente os elementos de cada projeto.

---

[5] Em inglês, *handshake*. Expressão emprestada do jargão de tecnologia de informação (TI), denota o procedimento formal que garante o estabelecimento da comunicação entre dois sistemas ligados remotamente (N. do R.T.).

REGISTRE E TIRE UM TEMPO PARA PROCESSAR

Durante seu dia cheio de reuniões, *brainstorms* e outras ocasiões de criatividade, você começa a acumular itens de ação, referências e tópicos com potencial. Papéis, páginas de notas, e-mails e mensagens de redes sociais vão se acumulando ao seu redor. Geralmente esses itens ficam enterrados em cadernos, bolsos, caixas de entrada e arquivos de computador quase no exato momento em que são criados ou recebidos.

O ideal é que em suas notas escritas você mantenha seus itens de ação separados de todo o resto. No entanto, ainda precisará de tempo para processar — repassar todas as notas e comunicações de seu dia para conseguir tirar os elementos principais. Aqueles que ainda usam papel e apreciam o gerenciamento de projeto tangível também vão querer usar uma caixa de entrada tangível — uma pilha geral de coisas que ainda precisam ser classificadas. A maioria das estruturas de produtividade — como a apresentada por David Allen no livro *A arte de fazer acontecer* — sugere o uso de uma caixa de entrada transitória para coisas que você acumulou, mas não pode executar ou arquivar imediatamente. Essa caixa de entrada não é o destino, mas somente um terminal de trânsito onde os itens esperam o processamento. Durante um dia ocupado de reuniões, não haverá tempo para começar a agir ou arquivar.

E todas as coisas em formato digital que chegam todo dia? Sua caixa de entrada de e-mails é o ponto de entrada principal, mas a informação também flui para outros aplicativos on-line. Enquanto sua caixa de entrada tangível, em cima de sua mesa, é única, o equivalente digital está se tornando cada vez mais fragmentado. Idealmente, você deveria configurar suas preferências nas redes sociais para que reenviem mensagens para seu e-mail, para ajudar no agrupamento. Quando você aloca tempo para processamento, vai querer limitar o número de lugares que precisa visitar. Se não consegue agrupar o fluxo de e-mails e outras comunicações digitais no mesmo lugar, então precisa definir as várias peças de sua caixa de entrada digital. Por exemplo, minha caixa de entrada digital coletiva inclui meu programa de e-mail (que recebe mensagens de todas as outras redes), um agregador de Twitter e a caixa de entrada em meu aplicativo de gerenciamento de tarefas (onde eu aceito/rejeito coisas enviadas de meus colegas que usam o mesmo aplicativo – e depois gerencio essa informação por projeto). Quando chega a hora de processar, esses são os três lugares digitais que preciso visitar, junto com a caixa de entrada tangível cheia de papéis na minha mesa.

Como se pode ver, a "caixa de entrada" do século XXI varia para todos. Você deve definir concretamente sua caixa de entrada coletiva antes de começar a processar. Paz de espírito e produtividade começam quando você sabe onde estão as coisas. A caixa de entrada combinada diz: "Não se preocupe, todas as suas coisas (e os itens de ação, tópicos com potencial e referências contidas dentro) estão em um lugar definido, esperando por você e prontos para ser ordenados."

Se você tem um estilo de vida digital, sua capacidade de processar sua caixa de entrada pode estar em risco se não tiver algum senso de disciplina. A razão: na era dos aparelhos móveis e da conectividade constante, tornou-se muito fácil mandar mensagens. Dessa forma, nossa capacidade de controlar nosso foco é geralmente paralisado pelo fluxo interminável de telefonemas, e-mails, mensagens de texto e interrupções pessoais – sem mencionar mensagens de outros serviços on-line. Assim, é importante que você evite a armadilha do que chamo "fluxo de trabalho reativo".

O estado de fluxo de trabalho reativo ocorre quando você só reage ao que o fluxo coloca no alto de sua caixa de entrada. Em vez de focar o que é importante e deve ser realizado, passa-se muito tempo só tentando não afundar. O fluxo de trabalho reativo evita que você seja mais proativo com sua energia. O ato de processar exige disciplina e impõe alguns bloqueios ao redor de seu foco. Por essa razão, muitos líderes realizam o processamento à noite ou em uma hora em que o fluxo diminui.

O tempo gasto processando é, sem dúvida, o mais valioso e produtivo de seu dia. Enquanto processa, você vai entender tudo e distinguir itens de ação, tópicos com potencial e referências. Com os itens de ação, você vai decidir o que pode ser feito rapidamente e o que deve ser acompanhado por projeto – e possivelmente delegado. Com outros materiais, você vai fazer julgamentos sobre o que pode ser descartado e o que deve ser arquivado.

Quando você começar a lidar com sua caixa de entrada coletiva, vai perceber que qualquer caixa de entrada, por si só, é uma péssima ferramenta de gerenciamento de ações. É difícil manter seus itens de ação separados de referências e outros ruídos. O constante fluxo de e-mails certamente não ajuda. Além do e-mail, você também pode receber outros tipos de mensagens na forma de *tweets*, mensagens no Facebook etc. Algumas podem levar a ações ou contêm elementos para isso, enquanto outras são simplesmente para referência (ou diversão).

Por causa do fluxo implacável de comunicação, você vai querer registrar e gerenciar seus itens de ação separadamente. Apesar dos muitos truques envolvendo "subpastas de ação" e outras formas de gerenciar e priorizar os itens de ação dentro de um sistema de e-mail, não há nada melhor do que dar a eles seu próprio espaço sagrado para gerenciá-los por projeto. O método de ação sugere que os itens de ação deveriam ser gerenciados separadamente da comunicação. A solução pode ser tão simples quanto uma planilha ou uma lista de coisas a fazer em que todos os itens de ação são registrados (e podem ser organizados por nome de projeto ou data devida para completar). Você também pode usar aplicativos de gerenciamento mais avançados que gerenciam itens de ação e dão suporte a processos de delegação e colaboração. O que você quer evitar é uma salada de itens para ação misturados com centenas de e-mails verborrágicos e outras mensagens espalhadas por diversos lugares.

Para equipes que gerenciam itens de ação via e-mail, os que contêm ações que serão realizadas deveriam mostrar o termo "ação" logo na linha de assunto. Para e-mails de referência, você deveria começar a linha de assunto com "PSC" [para seu conhecimento]. Ao estabelecer uma linguagem comum com seus colegas, todos ficam capazes de organizar sua caixa de entrada e visualizar os itens de ação usando essas palavras-chave.

Sinta o fluxo do método de ação. Cada novo dia gera mais ideias, notas e comunicações que fluem para sua caixa de entrada coletiva. Alguns períodos do dia você aloca para processar tudo isso, dividindo-os em itens de ação, tópicos com potencial e referências, e associa cada item com um projeto, seja pessoal ou relacionado a trabalho. Enquanto faz isso, ações rápidas estão sendo completadas e itens de ação a longo prazo são acrescentados à lista de tarefas do projeto a que se refere ou ao seu aplicativo de gerenciamento de tarefas – com o nome do projeto (e a data devida, se necessário). Tópicos com potencial são adicionados à pasta ou lista apropriada e materiais de referência são descartados ou guardados por projeto ou talvez em um arquivo cronológico.

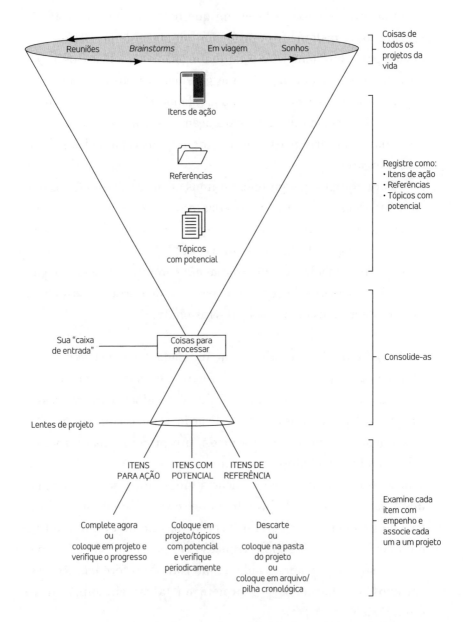

Coisas de
todos os
projetos da
vida

Itens de ação

Referências

Tópicos
com potencial

Registre como:
• Itens de ação
• Referências
• Tópicos com
potencial

Sua "caixa
de entrada"

Coisas para
processar

Consolide-as

Lentes de projeto

ITENS
PARA AÇÃO

ITENS COM
POTENCIAL

ITENS DE
REFERÊNCIA

Examine cada
item com
empenho e
associe cada
um a um projeto

Complete agora
ou
coloque em projeto e
verifique o progresso

Coloque em
projeto/tópicos
com potencial
e verifique
periodicamente

Descarte
ou
coloque na pasta
do projeto
ou
coloque em arquivo/
pilha cronológica

Reuniões   *Brainstorms*   Em viagem   Sonhos

Sinta o fluxo, da criação ao registro dos elementos, processando-os e depois gerenciando-os por projeto.

Registre! Registre os itens de ação de forma implacável. Durante um *brainstorm*, ou uma reunião, ou mesmo quando viaja, você vai gerar ideias, que desaparecerão a menos que tenham sido divididas em itens de ação concretos iniciados com verbos. Registre-os usando qualquer opção que tiver – seja tecnológica ou um caderno –, mas tente manter os itens de ação separados. Assim, eles se destacam de suas referências e itens secundários. Algumas pessoas trocam e-mails durante o dia todo, enquanto outras registram tarefas em aparelhos móveis celulares, sincronizados com seu controle on-line. Independentemente do método, é crítico que seus itens de ação apareçam e possam ser gerenciados separadamente de todas as outras coisas.

Se você encontrar um pedaço de papel perdido nos bolsos ou e-mails não arquivados contendo itens de ação, tópicos com potencial e referências, coloque-os em sua caixa de entrada para processar.

Identifique sua caixa de entrada coletiva. Além de sua caixa de entrada física, você também tem sua caixa de entrada de e-mails em outras fontes digitais de informação. Identifique e depois consolide o número de caixas de entrada digitais que você precisa gerenciar.

Processe! Tire algumas horas a cada dia (ou pelo menos algumas noites por semana) para processar os conteúdos de sua caixa de entrada. Enquanto revisa a pilha (ou a lista de e-mails), detecte o que deve se transformar em ação e o que não.

• Se é ação, identifique seus itens. Para o que pode ser realizado rapidamente (como fazer uma ligação ou pagar uma conta), faça-o imediatamente. Allen chama isso de "regra dos dois minutos" – se pode ser feito em menos de dois minutos, faça imediatamente. Afinal, vai demorar mais ou menos um minuto apenas para entrar em seu sistema, então por que não resolver a situação imediatamente?

• Independentemente do sistema de gerenciamento que você usa, os itens de ação devem ser registrados de forma consistente, atrelados a um projeto, e ter uma data limite (quando aplicável). Ao fazer isso, você vai se programar para o máximo de produtividade.

- Coloque os tópicos com potencial na pasta correspondente, etiquetada com o nome do projeto apropriado.

- Tente descartar o máximo de referências que puder porque a maioria dos folhetos e notas nunca será usada. Para aquelas referências que devem ser guardadas, arquive-as por projeto ou use o método da pilha cronológica.

PRIORIZAÇÃO: GERENCIAR SUA ENERGIA ENTRE TODOS OS PROJETOS DA VIDA

Projetos criativos dinâmicos — assim como projetos logísticos extensos — se tornam mais gerenciáveis quando são divididos em elementos menores. Assim que formos capazes de dispor nosso trabalho (e vida) como uma série de itens de ação, tópicos com potencial e referências, vamos ter de decidir por onde começar. Devemos priorizar porque só podemos focar um item de ação por vez. A priorização deveria ajudar a manter tanto o progresso incremental como o impulso para nossos objetivos a longo prazo. Ela é uma força que se baseia em julgamento equilibrado, autodisciplina e alguma pressão benéfica de outras pessoas.

FIQUE DE OLHO EM SUA LINHA DE ENERGIA

Algum tempo atrás, eu passei uma tarde com Max Schorr, editor de uma revista mensal focada no fazer o bem chamada *Good*. Além dele, reuni-me com sua equipe. Um grupo de verdadeiros idealistas, a equipe está sempre sobrecarregada e estressada, tentando fazer tudo e ainda com perfeição. Como Schorr colocou: "odiamos desperdiçar qualquer coisa, e por causa do excesso de ideias que temos, acabamos desperdiçando muita energia".

Se você tem muitas ideias, provavelmente possui a tendência a se envolver ou começar muitos projetos. Estes podem exigir muita energia mental, para registrar e organizar os elementos até aplicar realmente seus talentos criativos para resolver problemas e completar os itens de ação. A energia é seu bem mais precioso. Independentemente de quem for, existe um limite para a energia. Assim como a capacidade de operação de um computador está limitada à quantidade de memória (ou RAM) instalada, todos temos nossos limites.

Para decidir onde focar sua preciosa energia, visualize todos os seus projetos ao longo de um espectro que começa em "extremo" e vai até "inativo". Quanta energia os seus projetos atuais deveriam receber?

EXTREMO	ALTO	MÉDIO	BAIXO	INATIVO
Versão 2.0	Página de vendas A.M.O.	*Blog* da equipe	Gerenciamento financeiro	Roteiro de filme
		Proposta de livro	Renovação do escritório	Graph 1.0
			Redesenho do mapa	

Distribua seus projetos ao longo de uma linha de energia de acordo com quanta energia eles devem receber.

A qualquer momento do dia pode existir um par de projetos nos quais você deveria estar muito focado, enquanto outros podem ser menos importantes ou talvez possam ficar inativos no futuro. Quando distribuir os projetos pela tabela, os mais importantes devem ser colocados no lado "Extremo" e os outros colocados de acordo com a importância até o item "Inativo". Lembre-se que você *não* está distribuindo seus projetos pela tabela baseado em quanto tempo está gastando neles. Em vez disso, está distribuindo de acordo com quanta energia eles devem receber baseados em sua importância.

Um projeto colocado no lado "Extremo" da linha de energia deve ser o mais importante do futuro imediato — recebendo o máximo de energia. Projetos devem ser posicionados de acordo com seus valores econômicos e estratégicos. O conceito da "linha de energia" serve para regular nossa tendência a passar muito tempo em projetos que são interessantes, mas talvez não tão importantes para merecer tanto investimento de energia.

Visualizar seus projetos ao longo de uma linha de energia levanta algumas perguntas: Quanto de seu tempo você está gastando em quê? Está focado nas coisas certas?

Em meio à loucura diária em uma empresa criativa, é difícil perceber a questão da energia e onde ela está sendo usada. A linha de energia é um mecanismo simples para nos ajudar a medir e a localizar a energia da equipe. Vimos muitas pessoas usando conceitos parecidos para ajudar a visualizar os projetos em suas vidas de acordo com a prioridade. Depois de considerar sua linha de energia por alguns minutos, você vai descobrir se sua energia para aquela semana, aquele dia ou até mesmo aquela hora está sendo gerenciada de forma apropriada.

O exercício da linha de energia também ajuda equipes a chegarem a um acordo sobre a priorização. Algumas equipes podem se juntar ao redor de um quadro branco ou painel de cortiça e, juntos, escrever os nomes de todos os seus principais projetos em pequenos cartões. A equipe então colocará os cartões ao longo da linha de energia de acordo com sua importância e quanto foco coletivo cada projeto deveria receber da equipe. No começo, você pode descobrir que muitos projetos estão sendo colocados perto da zona "Extrema" da tabela. Essa é uma tendência natural porque cada projeto pede níveis diferentes de interesse de membros diferentes da equipe. Tais desacordos são ótimos porque ajudam a equipe a priorizar coletivamente.

Quando você estudar a sua linha de energia, terá de tomar as decisões difíceis sobre quais projetos precisam viver com baixa energia por um tempo. Usando ou não o exercício da linha de energia, todas as equipes deveriam discutir e debater como a energia está alocada. A energia é um recurso finito que raramente é bem gerenciado.

Se todo item de ação pertence a um projeto e você tem seus projetos distribuídos pelo espectro de como deseja alocar sua energia, então terá uma direção clara de quais itens de ação deveria fazer primeiro e como deveria alocar seu tempo.

RECONCILIE O URGENTE COM O IMPORTANTE

Apesar de a perspectiva da linha de energia poder nos ajudar a alocar nossa energia entre os vários projetos, ainda podemos desviar do curso correto quando surgem itens inesperados e urgentes. Quando algo parece urgente, corremos para fazer. Mesmo se puder esperar — ou for responsabilidade de outra pessoa — nossa tendência é nos apropriarmos dos itens urgentes porque eles sempre parecem fazer mais pressão do que as coisas associadas com projetos a longo prazo. Como líderes de projetos criativos, sentimos o impulso de resolver tudo rapidamente. Chamo isso de "imediatismo do criador" — um instinto de cuidar de todo problema e tarefa operacional, não importa se é grande ou pequena, assim que aparece, algo parecido com o instinto materno para cuidar do bebê recém-nascido. No entanto, torna-se quase impossível perseguir objetivos a longo prazo quando você é guiado somente pelo e-mail mais recente em sua caixa de entradas ou pela ligação de um cliente.

Felizmente, há formas de gerenciar as coisas urgentes sem comprometer o progresso de projetos a longo prazo. A capacidade de fazer isso começa com a compartimentalização, valores partilhados e o poder da clareza.

Se você já usou o Priceline.com, um Banco 24 horas ou um celular, então já usou tecnologia desenvolvida e patenteada pela Walker Digital. A empresa dedica-se principalmente à pesquisa e ao desenvolvimento de tecnologias, tem setenta funcionários e desenvolveu e patenteou uma variedade de ideias em muitas áreas. Como uma empresa intensamente criativa, a equipe da Walker Digital está sempre desenvolvendo novas ideias e pode sofrer da imediação do criador. Mesmo assim, a liderança da empresa sente orgulho de sua capacidade de operar de forma eficiente no dia a dia enquanto também inova com o futuro em mente.

A qualquer momento, metade da empresa está sonhando com novas ideias enquanto a outra metade está gerenciando e licenciando as que já foram patenteadas. Nesse ambiente, qualquer um poderia esperar que as necessidades operacionais urgentes da empresa poderiam comprometer rapidamente a energia alocada em projetos de pesquisa de plurianuais. Mas isso não acontece. O histórico da Walker Digital sugere que ela tem sido capaz de manter o foco em projetos de longo prazo apesar das crescentes exigências operacionais.

O presidente da empresa, Jon Ellenthal, admite que é difícil desenvolver novas ideias e operar a empresa ao mesmo tempo: "Desenvolvimento e operações são encargos fundamentalmente diferentes", Ellenthal me explicou. "É quase impossível de escapar do impulso gravitacional sobre um operador. Quando ele precisa enfrentar a escolha do que fazer, o que precisa ser feito hoje sempre vai superar o que poderia ser desenvolvido amanhã." Em outras palavras, há uma grande tensão entre os itens operacionais urgentes em projetos atuais, que surgem todo dia, e os itens mais importantes (mas menos prementes) que correm o risco de ser adiados para sempre. Sem algum sentido de disciplina, a empresa sucumbiria aos "itens urgentes de todo dia" em detrimento do sucesso da empresa a longo prazo.

A cultura característica da Walker Digital pode ajudar a explicar sua capacidade de focar consistentemente em projetos de longo prazo. Para começar, a empresa é de capital fechado. "Nenhum investidor normal teria paciência para transformar ideias em patentes", explica Ellenthal. O tempo e os gastos investidos no lado da patente do negócio poderiam afastar os investidores normais, mas para os funcionários da Walker Digital, isso só reforçou o valor das ideias. "A quantidade de energia que investimos em transformar ideias em bens comerciais encoraja as pessoas a continuar a ter suas ideias – e pensarem nelas em primeiro lugar... Todo mundo sabe como uma ideia pode ser valiosa para nós."

Um respeito compartilhado pelo potencial das ideias dá forças para as pessoas falarem quando as operações diárias começam a interferir. Ellenthal e sua equipe de executivos se orgulham pela franqueza na empresa. Sua colega e diretora de *marketing*, Shirley Bergin, comentou: "Nossa valorização da clareza supera o risco e o medo de falar quando algo não faz sentido". Para uma empresa que está estabelecida tanto em operações como em inovação de longo prazo, a aspiração por clareza mantém um debate constante e saudável ao redor da alocação de energia.

O valor compartilhado da Walker Digital por ideias – e uma cultura que procura constantemente a clareza – autoriza as pessoas a se isolarem durante longos períodos de tempo enquanto pesquisam projetos de longo prazo. A empresa está até estruturada para permitir que metade dos funcionários participe de pesquisas de longo prazo enquanto a outra metade supervisiona os aspectos legais e operacionais do gerenciamento de patentes. Por meio de uma cultura bem afinada, a Walker Digital é capaz de manter vivas as pesquisas de longo prazo.

Se você trabalha sozinho ou em uma equipe (ou empresa) cheia de pessoas, o primeiro passo é discernir o que é urgente do que é importante a longo prazo. Especialmente no ambiente criativo, projetos importantes geralmente exigem bastante tempo e lealdade mental. O constante fluxo de questões "urgentes" que surgem – as perguntas diárias de clientes, as contas a pagar, os problemas e as falhas – ameaçam interferir com seus objetivos a longo prazo. O desafio é agravado pelos projetos que você criou para si mesmo. Como criador você tem uma sensação de propriedade e, com isso, um forte impulso para realizar toda tarefa ou resolver todo problema imediatamente.

Há muito foco no "consertar". Como você pode manter objetivos de longo prazo em vez de sofrer à mercê das tarefas urgentes? Isso se chama priorização. E para priorizar, você deve se tornar mais disciplinado e usar métodos que levam à compartimentalização e ao foco.

Aqui estão algumas dicas que devem ser consideradas:

Mantenha duas listas. Quando for hora de organizar seus itens de ação do dia – e como sua energia será alocada –, crie duas listas: uma para itens urgentes e outra para os mais importantes. Objetivos e prioridades a longo prazo merecem uma lista própria e não deveriam competir contra os itens urgentes que podem facilmente consumir o seu dia. Quando você tiver duas listas, pode preservar períodos diferentes de tempo para focar cada uma.

Escolha cinco projetos que sejam mais importantes. Reconheça que é necessário comprometimento. Algumas pessoas diminuem suas listas de itens importantes para somente cinco coisas específicas. A família é geralmente uma delas, junto com alguns outros projetos específicos ou paixões que exigem atenção diária. O aspecto mais importante dessa lista é o que *não* está nela. Quando surgem questões urgentes, a coisa "importante" na qual você está trabalhando não quer dizer que sua lista deveria ser abandonada.

Você pode ficar surpreso em ver quanta energia é consumida em itens fora da lista!

Crie uma "área de foco" diária. Uns dez meses depois de lançar nosso aplicativo de produtividade on-line, o Action Method On-line, um usuário me sugeriu que nossa equipe criasse uma "área de foco" dentro do aplicativo para a qual você poderia arrastar cinco itens de ação – de qualquer projeto – que quisesse focar no dia corrente. Esse arranjo sugeria que, independentemente do que havia para fazer naquele dia, a área de foco precisava ser limpa antes de ir dormir à noite. Manter sua lista de foco curta facilita a revisão constante durante o dia – para garantir que você permaneça focado nos itens mais importantes.

Não fique obcecado. Quando surgem questões urgentes, elas tendem a criar ansiedade. A gente fica obcecado com os potenciais resultados negativos de todos os desafios que estamos enfrentando – mesmo depois que a ação é realizada. Preocupações gastam tempo e nos distraem do retorno às coisas importantes. Quando precisar resolver itens urgentes, divida-os em itens de ação e desafie-se a realocar sua energia assim que os itens de ação estiverem finalizados.

Também ajuda considerar se certas questões estão, ou não, além de nossa influência. Geralmente nossas preocupações têm a ver com o desconhecido e não há nada que possamos fazer para influenciar o resultado. Depois que você agiu para resolver um problema, reconheça que o resultado não está mais sob sua influência.

Não assuma itens urgentes. Mesmo quando você delega responsabilidades operacionais para outra pessoa, pode ainda se encontrar assumindo itens urgentes quando eles surgem. Quando se importa muito com um projeto, vai querer resolver as coisas pessoalmente. Digamos que chega um e-mail de um cliente com um problema rotineiro. Mesmo que a responsabilidade seja de outra pessoa em seu time, você pode pensar: "Oh, isso é algo realmente fácil; vou cuidar eu mesmo." E gradualmente sua energia vai começar a se afastar dos projetos a longo prazo. Assumir itens urgentes é uma das mais destrutivas tendências que já notei em profissionais criativos que conseguiram o sucesso muito cedo. Quando estiver a ponto de fazer isso, desafie-se a delegar os itens urgentes.

Crie uma grade de responsabilidades. Se você tem um sócio, vai querer dividir e conquistar várias tarefas para ter mais eficiência. Algumas equipes criam uma "grade de responsabilidades" para ajudá-las a compartimentalizar. Essa também é uma ferramenta que usei com colíderes de equipes enquanto trabalhava na Goldman Sachs. No alto da tabela (o eixo horizontal) você escreve os nomes das pessoas na equipe. Depois, embaixo, no lado esquerdo da página (o eixo vertical), escreva todas as questões comuns que surgem em uma semana típica. Marque na grade cada membro da equipe (listado na horizontal) que for responsável por cada tipo de questão (na vertical).

Por exemplo, se você é parte de uma equipe pequena de desenvolvimento de aplicativos, sua lista de questões poderia incluir "pedido de desconto", "informe de *bug* feito pelo usuário", "informe de perda de dados" e "sugestão para um novo recurso". Em equipe, você examina todas as colunas das pessoas e assinala as questões pelas quais cada um é responsável. Depois de completada e concordada, essa tabela envia uma importante mensagem sobre quem deve (e, mais importante, quem não deve) responder a certas questões. O exercício em si ajudará a extinguir o impulso de cada um de fazer de tudo pessoalmente e vai tornar mais eficazes as operações de sua equipe.

GRADE DE RESPONSABILIDADE: QUEM SE ENVOLVE COM O QUÊ?

QUESTÃO OU CIRCUNSTÂNCIA	BRITTANY	ALEX	SCOTT
Cliente precisa discutir ou conseguir a cópia de uma fatura	X		
O usuário informa sobre violações de direitos autorais ou relacionadas com *spam*	X		
O usuário informa repetidas (3ª ou 4ª vez) violações de direitos autorais	X		X
Empresas importantes pedem informações sobre integração de produtos		X	X

Use uma grade de responsabilidade para decidir quem precisa se envolver com as questões que surgirem.

Crie janelas de não estímulo. Para conseguir objetivos de longo prazo na era da tecnologia onipresente e das comunicações com fluxo livre, crie períodos de tempo dedicados ao foco ininterrupto em projetos. Merlin Mann, fundador do *site* de produtividade 43folders.com, contou sobre sua necessidade de "conseguir tempo para fazer". Não é nenhuma surpresa que Mann também seja conhecido por pedir para as pessoas não enviarem e-mail para ele (na verdade, Mann se recusa a responder qualquer sugestão ou pedido por e-mail). Depois de anos escrevendo sobre produtividade, ele percebeu que o número de interrupções aumenta em proporção direta ao grau de disponibilidade da pessoa.

Muitas pessoas que entrevistei preservam blocos de tempo durante o dia – geralmente no fim da noite ou começo da manhã – como oportunidades preciosas para avançar em itens importantes com pouco risco de que surjam assuntos urgentes. Para os usuários de Mac, há um recurso chamado Spaces que permite que você mude seu *desktop* para mostrar somente alguns aplicativos. Uma prática padrão que já vi é manter o e-mail e todos os outros aplicativos em uma única Space – e depois, quando quiser escrever ou trabalhar em um projeto, manter aquele aplicativo em um Space diferente. Se você não usa o recurso da Apple, pode simplesmente minimizar (ou fechar) todos os aplicativos de comunicação durante certos períodos de seu dia.

Claro, essa prática exige grande disciplina e a capacidade de sair do fluxo de trabalho reativo – o estado de sempre responder ao que chega até nós. No entanto, por meio de períodos de total exclusão de demandas, você vai conquistar o poder de focar o que acredita ser o mais importante.

PRIORIZAÇÃO DARWINIANA

CLARO, NEM SEMPRE ESTAMOS equipados para gerenciar nossa energia e determinar o que é urgente e o que é importante sozinhos. Apesar de nossas tentativas de compartimentalizar, emoção e ansiedade provavelmente interferem no nosso julgamento quando procuramos priorizar ações e decisões. As pessoas ao nosso redor – colegas, clientes, amigos e família – podem acrescentar uma demanda natural positiva sobre a priorização se quisermos canalizá-la. Chamo isso de "priorização darwiniana" porque funciona por meio da seleção natural: quanto mais ouvimos falar de algo, é mais provável que nosso foco vá para ele. Outro termo menos glamoroso para esse processo é "cobrança".

Muitas equipes baseiam-se na força natural da "cobrança" e da pressão dos pares para priorizar e alocar melhor a energia entre os projetos. Uma dessas empresas é uma agência de publicidade chamada Brooklyn Brothers. Os sócios seniores da agência, Guy Barnett e Stephen Rutterford, gerenciam um time pequeno, mas bastante prolífico, que produz o trabalho para clientes, bem como para empreendimentos da própria agência, que vão de barras de chocolate a livros infantis.

"Temos muitas ideias... somos uma fábrica de ideias... mas desenvolvemos menos de 10% delas", Rutterford me explicou.

Depois de fazer uma bateria de perguntas sobre as ferramentas de gerenciamento de projetos e processos criativos, fiquei surpreso ao descobrir que eles têm uma política de não intervenção com a equipe. Em vez de usar sistemas avançados de gerenciamento de projetos, a equipe convoca reuniões só quando necessário (em vez de ter programação obrigatória). Em um ponto, durante nossa discussão, Barnett se inclinou para frente e explicou: "Nosso segredo de execução por aqui é realmente muito simples: cobrança". Ele continuou: "Repetimos coisas como robôs milhares de vezes... A melhor prática para nós é usar a "cobrança" temperada com humor, nos sentamos ao redor de uma mesa e apresentamos os responsáveis... Se você é chato, as pessoas vão fazer as coisas porque querem que cale a boca!" A estrutura de escritório aberto faz ser mais fácil que as pessoas se levantem e rapidamente lembrem ("cobrem") o outro sobre uma data-limite importante ou uma reunião. Isso pode parecer uma forma caótica de priorização e gerenciamento de energia, mas um número surpreendente de equipes altamente produtivas funciona assim.

Percebi que "cobrar", como força positiva de priorização, funciona em diversas áreas. Roger Berkowitz, CEO da Legal Sea Foods — uma empresa de 215 milhões de dólares com mais de 4 mil funcionários —, explicou em uma entrevista concedida à revista *Inc.* como seu estilo de trabalho depende das forças da cobrança. "As pessoas que querem que eu faça algo precisam me lembrar disso repetidamente", ele explicou. "É gerenciamento por cobrança."

A confiança — e até o encorajamento — para insistir pode, no começo, parecer incômodo. Pode ser chato ser lembrado constantemente de algo enquanto tenta submergir em um projeto criativo. No entanto, entre o caos de reuniões e a tentativa de priorizar os elementos de múltiplos projetos, "cobrar" dos outros ajuda a priorizar por seleção natural. Quando alguém o está importunando constantemente sobre algo, há possibilidades de que você tenha se tornado um gargalo na produtividade da equipe. Quando aloca sua energia entre os vários projetos, é geralmente difícil saber como suas decisões afetam os outros. Certos itens de ação em sua lista podem se tornar mais importantes que outros por causa da demanda popular. "Cobrança" é uma força que pode aumentar a produtividade por meio da priorização coletiva — na medida em que a cultura aceitar isso.

EXECUÇÃO: SEMPRE TOCAR A BOLA PARA A FRENTE

O gênio é 1% inspiração e 99% transpiração.

THOMAS EDISON

A FAMOSA CITAÇÃO DE THOMAS EDISON soa especialmente verdadeira no mundo da inovação. A execução, claro, é predominantemente transpiração. Organizar cada elemento do projeto, agendar tempo, alocar energia e depois completar os itens de ação sem se cansar engloba a parte "do leão" na luta para transformar ideias em realidade.

Mesmo assim, enquanto avançamos na trajetória da execução, é possível nos perdermos no "platô do projeto". Sabemos que estamos no platô quando somos soterrados por itens de ação e não conseguimos ver o fim. Nossa energia e nosso compromisso − e assim uma disposição a tolerar o processo às vezes doloroso de execução − são naturalmente altos somente quando uma ideia é concebida pela primeira vez. O período de lua de mel rapidamente desaparece quando os itens de ação começam a se empilhar e competir com nossos outros compromissos. Nossas ideias se tornam menos interessantes quando percebemos as responsabilidades implicadas e a quantidade de trabalho exigido para executá-las.

A forma mais fácil e sedutora de fugir do platô de projeto é a mais perigosa: uma nova ideia. Novas ideias oferecem um rápido retorno à zona de alta energia e compromisso, mas elas também nos levam a perder foco. Quando uma nova estrela surge, nossos esforços de execução da ideia original começam a desmoronar. O resultado? Um platô cheio de esqueletos de ideias abandonadas. Apesar de ser parte da essência criativa gerar ideias constantemente, nosso vício em novas ideias é também o que com frequência interrompe as jornadas.

Evite a tendência de se livrar da sensação de baixo entusiasmo no platô do projeto saltando para novas ideias.

Para realizar suas ideias, você deve desenvolver a capacidade de resistir e até mesmo de prosperar, enquanto atravessa o platô de projeto. Deve reconsiderar a forma como faz a execução. As forças que pode usar para sustentar seu foco e renovar sua energia não surgem naturalmente. Transformar ideias em realidade se resume à autodisciplina e ao modo como você age.

Ao propor o método de ação como a forma mais eficiente de realizar projetos, eu já argumentei de que você deveria navegar pela vida com uma tendência a agir. Mas por que lutamos sempre para realmente agir?

Há muitas razões para adiar. Além do desejo de gerar mais ideias em vez de agir sobre as existentes, outro fator que desencoraja a ação é o medo. Temos medo de rejeição ou do julgamento prematuro. Muitos romancistas e outros artistas admitem que possuem projetos meio crus que não foram compartilhados com ninguém porque "ainda não estão prontos". Mas e se nunca se sentirem realmente prontos?

Às vezes, para adiar ainda mais a ação, recorremos à burocracia que nasceu do desejo humano de ter certeza total antes de agir. Quando não queremos agir, encontramos razões para esperar. Usamos expressões para "esperar" como "aguardar aprovação", "seguir procedimentos", "pesquisar mais" ou "construir consenso". No entanto, quando o próximo passo não está claro, a melhor forma de descobri-lo é realizar alguma ação incremental. O movimento constante é a chave para a execução.

AJA SEM CONVICÇÃO

A verdade é que a criatividade não tem mais tanto a ver com talento "selvagem" quanto tem a ver com produtividade. Para descobrir algumas ideias que funcionam, você precisa tentar muitas que não funcionam. É uma loteria.

ROBERT SUTTON,
*Professor de Engenharia de Produção da
Universidade de Stanford*

A noção de agir rapidamente sem ter certeza desafia a sabedoria convencional de pensar antes de agir. Mas para a mente criativa, o custo de esperar a certeza pode ser pesado demais. Esperar cria apatia e aumenta a probabilidade de que outra ideia capture nossa fantasia e energia. Mais ainda, se você obtiver plena convicção depois de muita análise, isso pode torná-lo tão profundamente comprometido a um único plano de ação que seria incapaz de mudar o curso quando necessário.

As práticas tradicionais, como desenvolver um plano estratégico — que não é nada mais do que um documento estático que vai inevitavelmente mudar quando oportunidades imprevistas surgirem —, devem ser pesadas contra os benefícios de simplesmente começar a tomar ações incrementais sobre sua ideia, mesmo se tais ações iniciais parecerem imprudentes. Agir ajuda a expor se estamos no caminho certo de forma mais rápida e mais definitiva do que faria a pura contemplação.

Durante uma de minhas visitas a Ideo, uma consultoria de inovação e *design* de produtos com fama internacional, tive a oportunidade de passar uma manhã com Sam Truslow, membro sênior da equipe que supervisiona o trabalho da empresa com organizações como Hewlett-Packard (HP). Como muitos caras de lá, Truslow rapidamente admite que a fama de "fábrica de ideias" é bastante equivocada. "O que nos faz funcionar bem não são as boas ideias, apesar do que pensam os clientes", diz Truslow. "Quando as pessoas querem novas ideias, o que realmente estão dizendo é que não conseguem executá-las." O que a Ideo fornece é uma estrutura bastante eficiente para a execução de ideias — geralmente ideias que seus clientes já podem ter tido. Para Truslow, a tendência da Ideo a sempre estar "fazendo coisas" durante todo o processo criativo é talvez o ingrediente mais crítico para o sucesso da companhia.

No processo de geração de ideias na maioria dos ambientes, as mais promissoras acabam diluídas por meio do debate ou são simplesmente ignoradas durante o progresso natural da discussão. Quando um grupo decide agir sobre uma ideia — independentemente de ela exigir pesquisas iniciais ou algum tipo de *design* ou protótipo preliminar — a equipe geralmente vai batalhar por consenso antes mesmo de discutir sua execução. Essa busca por consenso derruba o progresso real.

A prática normal da Ideo para a implementação das ideias, observada de perto, lembra mais a experiência de uma criança de 4 anos com legos do que uma empresa de desenvolvimento de *design* e negócios bem estabelecida. Quando os membros da equipe têm uma ideia sobre como algo deveria parecer ou funcionar, eles simplesmente montam um protótipo e começam a brincar — independentemente do estágio de *design* em que se encontram. A prática da Ideo de sempre fazer um protótipo é parte de uma estratégia inteligente para superar algumas das maiores limitações para transformar ideias em realidade.

Os membros da equipe da Ideo rapidamente mostram ideias mesmo durante as fases preliminares de um projeto. São capazes de fazer isso usando um conjunto único de recursos que dão poder aos funcionários para agirem rapidamente sobre as ideias incipientes que surgem durante as sessões de *brainstorm*. Para começar, todos os *designers* têm acesso a "A Oficina" — um departamento multimilionário dentro da empresa, completamente equipado, que possui todas as últimas ferramentas para criar rapidamente maquetes de metal, madeira ou plástico. Uma rápida viagem pelo ambiente fornece um histórico tangível e visual do desenvolvimento de projetos da empresa como o *mouse* padrão para a Microsoft com um botão de rolagem e o *design* do Palm V para a 3Com.

Truslow me explicou que há menos necessidade de consenso em uma equipe quando os indivíduos têm poder para executar ações incrementais por conta própria durante o processo criativo. Ideias novas são testadas logo no começo, expondo becos sem saída e levando a protótipos que apontam para outras soluções. O conceito da Ideo de ter uma infraestrutura que dá suporte a iterações rápidas — a Oficina —, pode ser replicado por qualquer equipe por meio de ferramentas como lousas gigantes, salas dedicadas à experimentação ou *wikis*.[6] Algumas equipes de desenvolvimento de internet vão mais longe e produzem ambientes *sandbox*[7] que permitem aos desenvolvedores adicionarem e testarem novos recursos e ajustes fora da linha de desenvolvimento-padrão. Como líder de uma equipe criativa, você deveria criar um ambiente que permita a ação prematura. Se você trabalha sozinho ou com uma equipe, um compromisso para com a ação imediata – ainda sem muita certeza – ajudaria a materialização das ideias.[8]

MATE IDEIAS IMPIEDOSAMENTE

SE VOCÊ CONSEGUE aprender a agir de forma mais rápida, vai colher as recompensas de ter mais dados preliminares sobre novas possibilidades. Mas a capacidade de agir sobre ideias incipientes ajudará somente se tiver a força de vontade de abandoná-las quando for necessário. Quando perguntadas sobre os maiores fracassos, muitas das equipes que conheci compartilharam exemplos em que uma nova ideia surgiu e tirou um projeto dos trilhos – uma ideia que deveria ter sido descartada quando ficou óbvio para todos os envolvidos que era um beco sem saída.

A capacidade de expor fraquezas e dúvidas de uma ideia baseando-se em dados tirados das primeiras ações é uma habilidade crítica para equipes criativas e produtivas. Geralmente essa força do ceticismo surge de uns poucos membros da equipe que tendem a ver o lado ruim das ideias em vez de seu potencial. Alguns podem chamar esses céticos de agourentos ou "estraga-

[6] Aplicativo de uso em redes que permite aos usuários publicar suas contribuições praticamente sem controle de alguma espécie de autoridade central. O exemplo mais patente de *wiki* é a Wikipédia, na internet (N. do R.T.).
[7] Ambiente de experimentação, isolado para não causar danos ao sistema de que faz parte (N. do R.T.).
[8] Nossa equipe realizou uma pequena investigação sobre esse tópico, conhecida como "O experimento do Papai Noel roxo", cuja história é contada no Apêndice 2.

-prazer" — dragas da animação na sala —, mas o ponto de vista deles é incrivelmente valioso. Aqueles que trabalham sozinhos devem encontrar formas de cultivar esse ceticismo por sua própria conta. Isso pode significar desempenhar o papel do cético para nossas próprias ideias ou engajar outras pessoas para fazê-lo, o importante é que devemos incorporar esse elemento proativo da dúvida.

Walt Disney é conhecido por sua criatividade infinita, não por seu ceticismo. Mas acontece que Disney trabalhou muito para garantir que sua equipe criativa vetasse ideias sem perdão e as matasse quando fosse necessário. Um artigo do especialista em desenvolvimento pessoal, Keith Trickey, descreve como, quando produzia longas-metragens, Disney implementava um processo usando três salas diferentes para alimentar as ideias e depois avaliá-las rigorosamente:

Sala 1. Nessa sala, a geração desenfreada de ideias era permitida sem qualquer restrição. A real essência do *brainstorm* — pensamento irrestrito e apresentação sem limites de ideias — era apoiada sem expressar dúvida alguma.

Sala 2. As loucas ideias da Sala 1 eram agregadas e organizadas na Sala 2, resultando, no fim, em um *storyboard* contendo eventos e esboços gerais dos personagens.

Sala 3. Conhecida como a "caixa de suor", a Sala 3 era onde toda a equipe criativa revisava de forma crítica o projeto sem restrições. Como as ideias de indivíduos já tinham se combinado na Sala 2, as críticas na Sala 3 nunca eram direcionadas a uma pessoa — só a elementos do projeto.

Toda pessoa ou equipe criativa precisa de uma Sala 3. Quando montamos equipes e desenvolvemos um processo criativo, nossa tendência é privilegiar a criatividade sem barreiras da Sala 1. Mas a carnificina de ideias que ocorre na Sala 3 é tão importante quanto as criações selvagens da Sala 1.

Por meio do uso de espaços físicos e objetivos claramente articulados para as fases da geração de ideias, Disney criou um empreendimento criativo extraordinariamente produtivo que mudou o mundo do entretenimento. No livro *The illusion of life: Disney animation*, Ollie Johnston e Frank Thomas, dois animadores importantes de Walt Disney, escreveram que "havia, na verdade, três Walts diferentes: o sonhador, o realista e o estraga-prazeres. Você nunca sabia qual deles ia sentar na reunião." Parece que Disney não só impulsionava sua equipe por meio das três salas, mas também incorporava as características das três.

A melhor prática aqui é valorizar o papel do cético na geração de ideias. Quando você (ou sua equipe) se engaja com uma nova ideia ou aplica toques criativos a um projeto, deve reunir uma dose de ceticismo para seu julgamento. Você não precisa montar três salas de fato, mas precisa de um período de escrutínio em seu processo criativo. Tampouco precisa criar muita estrutura ao redor de quando pode ou não gerar novas ideias. No entanto, deve estar disposto a matar ideias impiedosamente – pelo bem de realizar outras completamente.

Em uma rara entrevista na *BusinessWeek* sobre o sistema para inovação da Apple, o CEO Steve Jobs explicou que, na verdade, não existe sistema na Apple – e essa espontaneidade é um elemento crucial para a inovação, na medida em que estiver acompanhada da capacidade de dizer **não** sem hesitar:

> A Apple é uma empresa muito disciplinada e temos ótimos processos. Mas isso não tem nada a ver. Processos servem para ficarmos mais eficientes.

Mas a inovação surge de pessoas se encontrando nos corredores, ligando para outras às 22h30 com uma nova ideia ou porque perceberam algo que abre buracos na forma como se estava pensando um problema. São reuniões *ad hoc* com seis pessoas convocadas por alguém que acha que descobriu a coisa mais legal do mundo e que quer saber o que os outros acham de sua ideia.

E surge de dizer **não** a milhares de coisas para ter certeza de que não tomaremos o caminho errado ou não tentaremos fazer demais. Estamos sempre pensando em quais novos mercados poderíamos entrar, mas só dizendo **não** é que você consegue se concentrar nas coisas que são realmente importantes.

É típico que em ambientes criativos a geração espontânea de ideias atrapalhe o monitoramento de alguma ideia em particular. O líder criativo inteligente entende que a geração de ideias é um animal selvagem que precisa de um treinador impassível para domar a excitação com uma dose saudável de ceticismo. Você precisa dizer "não" mais do que diz "sim" e precisa construir uma equipe e uma cultura que ajude a matar ideias quando necessário.

AVALIE AS REUNIÕES PELA AÇÃO

A MAIORIA DAS REUNIÕES não dá em nada. Em meio a todo *brainstorm*, devemos encontrar formas de medir o resultado delas. Apesar de algumas das maiores ideias e soluções surgirem em reuniões, geralmente fracassamos em conectar essas ideias com um conjunto tangível de passos a seguir. Idealmente, reuniões deveriam levar a ideias que são capturadas no formato de itens de ação e depois designadas a indivíduos junto com datas-limite.

Reuniões são extremamente caras em termos de tempo e energia. Quando uma reunião começa, o fluxo de trabalho de todos os membros da equipe para. Todo progresso tende a estancar — e os esforços de cada pessoa para executar um projeto é colocado em pausa enquanto a equipe se reúne. Se pelo menos sempre houvesse uma agenda para a reunião, mas geralmente não há. E quando há uma agenda, é provável que os participantes sejam solicitados a apresentar argumentos e sejam encorajados a acrescentar algo — uma prática que só serve para aumentar o tempo das reuniões. A pior parte é que a maioria das equipes planejam as reuniões de forma abundante quanto bebem café.

Depois de anos observando equipes lutando para equilibrar produtividade com o desejo de fazer reuniões, posso afirmar que as equipes mais produtivas planejam reuniões parcimoniosamente. Usando a lente do método de ação sobre a vida, podemos argumentar que reuniões possuem pouco valor se não resultarem em ação. Na maioria dos casos, sair de uma reunião sem nada sobre o que agir significa que a reunião foi só uma troca de informações e deveria ter acontecido usando o e-mail.

Aqui estão algumas práticas que devem ser consideradas quando se trata de reuniões:

Não se reúna só porque é segunda-feira. Você deve abolir reuniões automáticas sem uma agenda predefinida em cima de ações. Juntar pessoas por nenhuma outra razão a não ser "porque é segunda-feira" (ou qualquer outro dia) não faz nenhum sentido. Sem agenda, essas reuniões automáticas têm a tendência a se tornarem "reuniões de atualização", quando todo mundo simplesmente compartilha atualizações sem nenhum objetivo em particular. Se não puder eliminar completamente as reuniões regulares, pelo menos permita o cancelamento sem restrições. Em momentos de muito trabalho quando não há nenhuma ação a ser discutida, reuniões infrutíferas se tornam ainda mais caras.

Termine com uma revisão das ações registradas. No fim de uma reunião, tire alguns momentos para revisar os itens de ação que cada pessoa registrou. Esse exercício leva menos de 30 segundos por pessoa e geralmente revela ou que alguns itens de ação foram esquecidos ou que alguns tinham sido registrados por duas pessoas (levando a uma duplicação do trabalho). Isso também cultiva o senso de responsabilidade. Se você fala em voz alta seus itens de ação na frente de seus colegas, é mais provável que os realize.

Questione reuniões que não conduzem a ações. Quando reuniões terminam sem itens de ação, é sua responsabilidade questionar o valor da reunião. Com isso, você ganha respeito, aumenta a produtividade e preserva a energia de sua equipe. Só não planeje reuniões para discutir reuniões inúteis (sim, isso já aconteceu antes).

Realize reuniões em pé. Courtney Holt, o ex-diretor de música e mídia digital na Music Television (MTV) e agora no comando do MySpace Music, realiza o que ele chama de "reuniões em pé". Reuniões longas e sem sentido são menos prováveis de acontecer quando todo mundo está de pé — e os joelhos começam a doer.

Não convoque reuniões por causa da sua insegurança. Para os líderes da equipe, o verdadeiro objetivo de uma reunião é, às vezes, ganhar segurança. Em alguns casos, líderes que são incapazes de acompanhar o que as outras pessoas estão fazendo convocam uma reunião para descobrir o que está acontecendo. Ou, em outros casos, líderes não têm certeza de seu sucesso ou de suas decisões e buscam um reforço positivo de puxa-sacos por pura autogratificação. Ter os membros da equipe em uma sala para informar o que estão fazendo é tranquilizador. Mas tratar nossas próprias inseguranças como líderes não deveria custar tanto. Como líderes, deveríamos reconhecer o custo de convocar reuniões e identificar outras formas de construir confiança e responsabilidade em nossas equipes. Grandes líderes se perguntam honestamente por que estão convocando aquela reunião e protegem com unhas e dentes o tempo de sua equipe.

Não se prenda a números redondos. A maioria das reuniões improvisadas que são convocadas para atualizar rapidamente um projeto ou discutir um problema podem acontecer em 10 minutos ou menos. No entanto, quando são agendadas em aplicativos de agendamento, tendem a ocupar 30 ou 60 minutos. Por quê? Só porque é o período padronizado! Idealmente, reuniões deveriam ter hora para começar, mas terminar o mais rápido possível. Algumas equipes experimentaram convocar reuniões de 10 ou 15 minutos e ficaram surpresas por elas terminarem na hora, apesar de antes durarem 30 minutos ou 1 hora.

Sempre use os itens de ação, ou outra coisa, como medida. Às vezes, devemos nos reunir devido a um objetivo concreto, mas que não é uma ação. Pode ser para alinhar metas, convencer a todos sobre uma mudança ou discutir uma preocupação cultural, não importa, reuniões com objetivos não relacionados com ações podem ser valiosas. No entanto, reuniões que não possuem nem objetivo *nem* um resultado concreto nunca deveriam acontecer. Se você não está medindo o resultado de uma reunião com itens de ação, então precisa medi-las com outra coisa. Para reuniões de gerenciamento de projeto, o valor deveria ser medido com itens de ação. Para reuniões de mudança cultural, a medição deve ser feita com uma compreensão compartilhada. E, para alinhamento e persuasão, o valor deveria ser medido por um novo nível de compreensão e consenso depois da reunião que pode ajudar a melhorar a química da equipe.

A BIOLOGIA E A PSICOLOGIA DA CONCLUSÃO

EM ABRIL DE 2008, a equipe da Behance organizou sua primeira "Conferência 99%", inspirada na citação de Thomas Edison mencionada anteriormente. Em um mundo cheio de conferências dedicadas a inspirar ideias, criamos uma focando somente sua execução. Dessa forma, os oradores deviam evitar falar sobre a fonte de suas ideias, revelando, em vez disso, os processos e lutas na implementação. Foi uma grande experiência: Será que as pessoas iam querer passar dois dias conversando sobre o trabalhoso e desprezado processo de transformar ideias em ação?

A Conferência 99% lotou e havia uma audiência realmente diversificada com gente de todas as áreas. Um de nossos oradores foi o autor excepcionalmente produtivo e guru do *marketing*, Seth Godin, conhecido por seu *blog* prolífico e numerosos livros sobre marketing e liderança.

Godin executa suas ideias de forma consistente. Além de seus livros, criou produtos, iniciou empresas e fundou um curso de treinamento (MBA) de seis meses pouco convencional.[9] O sucesso abundante de Godin fez acumular uma significativa base de fãs que o consideram um gênio. No entanto, Godin tem uma visão pessoal sobre seu sucesso. Ele concordou em falar na Conferência

---

[9] A concorrência para entrar no programa de MBA de Godin é maior do que a de Harvard. É uma classe pequena de uns dez alunos que passam de forma autônoma por um curso de seis meses sob a supervisão de Godin. A Conferência 99% foi somente uma das muitas partes do "currículo". Já conheci vários alunos de Godin e fiquei impressionado com a intensidade intelectual e o sentido prático deles. São todos líderes emergentes; e senti inveja da experiência que estavam tendo. Como aluno de um MBA mais tradicional de Harvard, posso dizer que o programa de Godin serve como melhor fundamento e poderoso ímpeto para empreendedores de sucesso do que qualquer outro programa de MBA.

99% para jogar alguma luz sobre isso e como, sendo um profissional criativo, é também considerado bem-sucedido.

Sua apresentação tinha um *slide* – uma colagem de imagens representando todos os produtos, livros e outras coisas, que tinha criado durante sua vida. Ele se moveu até perto da imagem e explicou à audiência que a maioria dos produtos ou das organizações que tinha criado fracassou. "Mas", explicou, "a razão por ter conseguido um sucesso módico é porque continuo entregando".

"Entregar" é quando você cria algo – quando coloca um novo produto à venda, quando mostra sua última obra de arte em uma galeria ou quando envia seu texto à editora. Entregar é o ato final de execução que tão raramente acontece.

Godin afirma que entregar é uma postura ativa em vez de uma circunstância passiva. "Quando você fica sem dinheiro ou sem tempo, você entrega... Se sua mentalidade é 'eu entrego, isso não é um atalho conveniente, é, na verdade, uma obrigação. E você constrói seu trabalho ao redor daquela obrigação. Em vez de se tornar alguém que tem uma generalidade vaga – e alguém que possui muitas grandes ideias e 'se ao menos..., se ao menos..., se ao menos...' –, você é alguém que sempre acaba por entregar."

A razão pela qual Godin fracassou tantas vezes é porque ele entregou muitas vezes. Ao mesmo tempo, por causa de sua mentalidade, ele também conseguiu fazer trabalhos maravilhosos – livros que criaram tendências e novas empresas que capturaram a imaginação das massas. Mas para entregar com tanta frequência, Godin teve de superar algumas das maiores barreiras psicológicas da mente criativa.

Godin afirma que a fonte dos obstáculos é o "cérebro de réptil". Anatomicamente, o cérebro de réptil existe em todos nós – é conhecido como amídala cerebelosa, um pequeno nódulo de nosso cérebro que está no alto da cabeça. "Todas as galinhas e lagartos possuem algo assim", explicou Godin. "É a fome, o medo, o egoísmo e o desejo. É seu papel sentir tudo isso e é isso que ele faz... Acontece que também temos um." Claro, o cérebro humano evoluiu até chegar a um sistema complexo capaz de pensar de forma muito mais expandida – e criativa. Mas a tendência principal do cérebro de réptil, que é nos manter seguros evitando o perigo e o risco, ainda é potente.

Depois da lição de biologia, Godin explicou que "a todo momento em que chegamos perto de entregar, por exemplo, sempre que o manuscrito está pronto para ser enviado ao editor, o cérebro de réptil começa a falar... Ele diz: 'Vão rir de mim', 'Vou ter problemas...' O cérebro de réptil [grita] com todas as suas forças. E, assim, o que acontece é que não fazemos. Acabamos sabotando. Recuamos. Fazemos outra reunião."

O cérebro de réptil interfere na execução ao amplificar nossos medos e conjurar desculpas para ficarmos seguros. De repente, as responsabilidades de nossos empregos de tempo integral ou de nossas vidas pessoais apoiarão o chamado para recuar de nosso cérebro de réptil. Da mesma forma que o cérebro de réptil fica quieto quando temos um emprego monótono com um salário para fazer o que nos mandam, ele se irrita quando começamos a desafiar o *status quo*.

O que as pessoas criativas precisam, acredita Godin, "é silenciar o cérebro de réptil".

Claro, é muito difícil superar nossas tendências biológicas e psicológicas. Para ter a confiança para conseguir sufocar a resistência iniciada por nossos cérebros de réptil, devemos escolher nossos projetos de forma sábia e depois executá-los sem remorso. Ao assumir o compromisso de sempre entregar algo independentemente do sucesso ou do fracasso, Godin é capaz de lutar contra a barragem de desculpas lançadas em oposição a ele por seu eu mais primitivo. Sente-se confortável com o risco de fracasso porque sabe que tal conforto é, na verdade, a chave para ser capaz de executá--lo. Como resultado, Godin transformou várias ideias em realidade. O preço que ele paga, com prazer, por seu sucesso é ter muitos fracassos pelo caminho.

O TAO DO *FOLLOW-UP*

UMA GRANDE PARTE da execução é persistência. Quando nos baseamos nos outros para conseguir impulso, nossos projetos estão à mercê deles. Às vezes, para continuar avançando nossas ideias, precisamos fazer *follow-up* implacável em outras pessoas.

Jesse Rothstein, um representante de vendas enérgico e carismático da Procter & Gamble, irradiava o entusiasmo e o espírito fraternal durante seus dias como estrela dos esportes, jogando na equipe de lacrosse da Universidade de Cornell. Trabalhando para a Procter & Gamble, Rothstein passava muito tempo viajando de loja em loja por toda Costa Leste, encontrando-se com compradores corporativos dos produtos da empresa.

Muitos gerentes e compradores do Walmart, Costco e BJ's Wholesale Club conhecem Rothstein — todos o adoram. Mas, apesar de saber tudo sobre tendências e margens em creme dental, enxaguante bucal e sabão em pó, Rothstein era mais conhecido pelo que fazia quando *não* sabia algo. Ele procurava a resposta e fazia *follow-up* incansável até conseguir encontrar. Simples, certo?

Fazer *follow-up* é fácil quando a resposta está a um telefonema de distância. Mas que tal encontrar informações que exigem respostas de várias pessoas? E que tal ir atrás de uma resposta que está no fim de uma longa cadeia de ações frustrantes e cansativas? O dom de Rothstein é sua capacidade de navegar por meio da burocracia corporativa, múltiplos fusos horários e vários degraus da escada corporativa para encontrar informação e servir a seus clientes. Ele não tem MBA, nenhuma solução tecnológica turbinada e tampouco poderes mágicos. O que Rothstein possui é perseverança e uma convicção simples à qual ele adere com um fervor quase religioso: ele faz *follow-up* feito louco.

"Estou começando a acreditar que a vida é só um grande *follow-up*", ele me confidenciou em uma noite quente em um restaurante tailandês. "Houve um cara com quem fiz uma parceria para liderar um projeto de recrutamento. Não era realmente seu cargo, e nem o meu, mas é algo que se faz em uma empresa para ajudar. É como uma cidadania corporativa. O problema foi que esse cara realmente não se importava. Eu mandava e-mails e ele demorava uma semana para responder. Mandava rascunhos de um calendário para revisar e não recebia resposta. Ele claramente não estava nem aí, mas o projeto tinha de ser feito. Em um ponto, passou mais de uma semana sem *feedback* ou colaboração. Então, reenviei o e-mail original. Dois dias depois, reenviei novamente. Aí, três dias depois, imprimi o e-mail e enviei pelo serviço noturno da FedEx, com uma anotação no alto: 'Só queria fazer *follow-up* – Jesse.' Ele finalmente entrou em contato e fez uma boa parte do trabalho sozinho."

O compromisso incansável com Rothstein de fazer *follow-up* o distinguiu aos olhos de seus clientes e colaboradores. Essa simples convicção, ele afirmou, está no centro de sua capacidade de liderar vendas, relacionamentos e outras ideias. Mesmo do lado de fora de seu trabalho na Procter & Gamble, Rothstein coloca seu princípio de *follow-up* para trabalhar. Ele começou uma organização não governamental (ONG) que organiza um jantar anual para levantar fundos chamado 21 Dinner, em honra a um ex--companheiro de lacrosse que morreu tragicamente no campo. Foi capaz de garantir patrocinadores e oradores bem conhecidos do mundo dos esportes, levantando 50 mil dólares em seu primeiro ano. Não é nenhuma surpresa que esse jantar agora esteja em seu quarto ano.

Rothstein mais tarde deixou sua bem-sucedida carreira na Procter & Gamble para fundar uma ONG chamada Coach for America. Sua impressionante capacidade de transformar ideias ousadas em realidade por meio da determinação permitiu que fundasse essa organização apesar da situação da economia.

Para realizar vários projetos de forma simultânea — e ter sucesso —, você precisa ter algo especial. Pessoas como Rothstein nos levam a perguntar se realizações quase impossíveis se tornam mais viáveis por meio da aplicação de convicções simples e métodos práticos como o *follow-up* — em vez de, digamos, genialidade.

Afinal, nenhuma das ações de Rothstein como vendedor de produtos da Procter & Gamble, garantindo o local para o *21 Dinner* ou imprimindo camisetas foi brilhante, em si. O brilho de Rothstein está no fato de que ele sempre identifica as ações necessárias para cada projeto e depois as executa (e as faz executar) de forma incansável. Ele sempre faz *follow-up* até toda ação estar finalizada.

Investigações mais profundas sobre o sistema de Rothstein para organizar ideias e projetos — e itens de ação — revelaram um método concreto para sua loucura. A postura de Rothstein, apesar de altamente personalizada para seu próprio fluxo de trabalho e estilo de vida viajante, incorporava muitos dos elementos centrais do método de ação. Da forma como registrava ideias e ações subsequentes em toda reunião até a forma como as processava, Rothstein raramente esquecia algo.

Há muitas histórias parecidas com as de Rothstein entre geradores de ideias que fazem *follow-up* consistente e são bem-sucedidos. No centro de cada história, encontramos o mesmo conjunto de métodos e convicções. Apesar de o sistema de cada pessoa ser personalizado, a mecânica de como as pessoas criativas trabalham produtivamente é bastante consistente.

PROCURE RESTRIÇÕES

Às vezes peço às equipes para me contarem sobre projetos que foram especialmente difíceis de executar. Um número surpreendente de histórias tem um começo similar: "O cliente nos deu muito espaço"; "Não havia nenhum orçamento definido; falaram para pensarmos grande"; "O *briefing* era bastante aberto e não havia nenhuma data-limite estabelecida." Enquanto os resultados podem variar, os começos desses projetos-pesadelo compartilham um tema comum: as equipes se sentiram bastante livres.

Às vezes, essa sensação de liberdade é realmente um sintoma de algo que está faltando. Talvez o cliente ainda esteja vacilando sobre a direção a tomar ou esperando mais informações de níveis superiores. Em tais casos, apesar de o *briefing* parecer bem aberto, mais tarde o cliente provavelmente vai impor mais restrições inesperadas sobre o projeto. Tais surpresas vão causar frustração e trabalho redundante. Mas essa não é a principal razão pela qual projetos abertos acabam falhando.

Acontece que restrições — sejam datas-limite, orçamentos ou *briefings* criativos muito específicos — nos ajudam a gerenciar nossa energia e executar ideias. Enquanto nosso lado criativo procura intuitivamente a liberdade e a abertura — projetos fantasiosos —, nossa produtividade exige restrições.

Durante o verão de 2008, fui convidado para assistir às gravações de *Engine room*, um *reality show* produzido pela MTV e pela HP. O programa juntou quatro equipes com profissionais criativos da Europa, Ásia, América do Sul e Estados Unidos, para a realização de uma série de sete *briefings* criativos. Depois que a prova era entregue, eles tinham entre um e seis dias para fazer o *brainstorm*, planejar e executar suas ideias.

No local, vi algumas colaborações incríveis acontecendo, apesar das limitações extremas de tempo. Os *brainstorms* eram curtos e as ideias rapidamente testadas, além de, quando necessário, descartadas com pouca hesitação. *Feedbacks* eram rapidamente trocados e intervalos definidos de tempo eram preservados para conseguir o foco extremo durante a execução. O tique-taque do relógio desencorajava as reuniões que não tinham objetivos claros. E o resultado foi bastante incrível levando em conta o pouco tempo.

Problemas bem articulados também podem servir como restrições úteis para o processo criativo. Na abertura da Conferência 99%, o lendário *designer* e sócio da Pentagram, Michael Bierut, falou sobre sua experiência de criar a placa para a nova sede do *New York Times* na Times Square. Havia uma série de exigências: a placa deveria combinar com as características da área, ter cinco metros de altura e não obscurecer a visão dos trabalhadores dentro do prédio. Bierut tentou ver os desafios inerentes de *design* como sendo mais úteis do que frustrantes. "O problema contém a solução", explicou. Sua solução inovadora abraçou, em vez de rejeitar, as restrições que definiam o projeto – e o resultado foi totalmente gratificante.

O *site* da Pentagram explica: "A resposta foi dividir a placa em pedaços menores, 959 para ser exato. Cada letra no logo do Times foi rasterizada – quer dizer, dividida em faixas horizontais finas, entre 26 (o I em 'Times') até 161 (o Y em 'York')." Esses pedaços foram então sistematicamente montados em varas de cerâmica que envolvem o edifício para, quando vistas de longe, formarem as letras. As opiniões dos críticos foram, no geral, positivas, e o projeto foi uma das realizações das quais Bierut sente mais orgulho.

As restrições servem para atiçar o fogo da realização. Quando você não tem restrições, deve procurá-las. Pode começar com os recursos que são escassos – geralmente tempo, dinheiro e energia (esforço humano). Também, ao definir melhor o problema que você está resolvendo, vai encontrar certas limitações que são restrições úteis. Quando você as encontrar, tente entendê-las melhor.

Mentes criativas brilhantes se tornam mais focadas e agem melhor quando o reino das possibilidades está definido e, até certo ponto, restrito. Claro, quando você limita demais o reino das possibilidades – ao permitir pouco tempo ou baixo orçamento –, terá baixas expectativas em relação ao resultado. O objetivo é encontrar o equilíbrio correto, para que possa tirar inspiração dos parâmetros do projeto em vez de se sentir frustrado ou desnecessariamente restrito.

Apesar de sua tendência natural para ter uma criatividade irrestrita, você deve reconhecer e aproveitar as restrições. E é, finalmente, sua responsabilidade procurar restrições quando elas não forem apresentadas.

TENHA TOLERÂNCIA EQUILIBRADA EM RELAÇÃO A MUDANÇAS

Em qualquer colaboração, um dos maiores desafios que podem surgir são as mudanças. Claro, nossas ideias e projetos devem evoluir com o *feedback* e com as percepções que ganhamos durante o desenvolvimento. Apesar de precisarmos estar abertos às mudanças, devemos também garantir que elas sejam introduzidas no momento certo e pelas razões certas. As mudanças podem nos tirar dos trilhos de forma bem fácil.

Quando ficamos apaixonados por um projeto em particular e investimos muito tempo e energia, é natural que fiquemos menos dispostos a mudar de curso. O impulso e outras fontes de energia que nos ajudam a sobreviver ao platô do projeto também podem nos deixar obstinados. Quando ficamos mais confiantes, também podemos nos tornar resistentes às mudanças – mesmo quando precisamos delas.

A estrutura é um mecanismo que você pode usar para preservar a possibilidade de mudanças em propósitos criativos apaixonados. Em vez de solicitar ideias de mudança a qualquer momento, muitas equipes criativas realizam reuniões periódicas durante todo o processo de desenvolvimento chamadas "reuniões de desafio". Em uma reunião de desafio, qualquer um é convidado a fazer e responder perguntas como "O que não faz sentido em nosso plano atual?", "O que está faltando?" e "O que deveria mudar?". Isso é parecido com o que acontecia na Sala 3 na Disney dos primeiros tempos.

Mas a mudança também pode ser ruim, especialmente quando é resultado da ansiedade. Antes, descobrimos nosso "cérebro de réptil" com Godin e como, quando estamos chegando à conclusão de um projeto e estamos a ponto de entregá-lo, começamos a pensar em várias razões para atrasá-lo. Geralmente, começamos a pensar nas mudanças de último minuto que queremos fazer. Godin chama isso de "surra" – o processo por meio do qual todo mundo se torna crítico e começa a desmantelar um plano, produto ou serviço. No começo do processo de desenvolvimento, isso ajuda a encontrar falhas e refinar mais uma ideia. No entanto, no fim do projeto – pouco antes da entrega – dar a "surra" se torna a principal razão para atrasos e estouros de orçamento. Por essa razão, Godin sugere que critiquemos muito no começo para evitar essas mudanças de última hora no fim.

Mas e se, no final de um projeto, quando todo mundo está focado nos toques finais, um grande problema é descoberto e são necessárias mudanças importantes? Para dizer a verdade, há maior probabilidade de que as ideias revelem seus problemas imediatamente antes de ter sua realização completada. É por essa razão que defensores do empreendedorismo argumentam que a principal razão pela qual pequenas *start-ups* – empresas que se iniciam – têm uma vantagem sobre grandes corporações é sua flexibilidade e capacidade de fazer grandes mudanças de última hora.

Você quer limitar as mudanças de última hora em um projeto, mas quer ser capaz de mudar quando precisa. Quer limitar as surras ao começo do projeto o máximo possível, mas às vezes uma descoberta acontece quando você menos espera.

Há uma argumentação delicada a ser feita sobre os benefícios e custos das mudanças de última hora. Como você diferencia entre as dúvidas emocionais que surgem e os erros verdadeiros? E como você pesa os benefícios de conseguir uma versão antecipada do produto a tempo (apesar de alguns problemas) contra os custos de um lançamento atrasado, mais completo?

Apesar de querer alavancar o alto nível de foco e visão que vai acumular nos estágios finais, você também vai querer testar o mercado e ter certeza de compartimentalizar as dúvidas que naturalmente surgem antes de um projeto ser lançado ao mundo. Algumas equipes vão usar o aumento no nível de compromisso antes da entrega para criar as bases para a próxima geração do produto. Em tais casos, a equipe está informada desde o começo de que todas as mudanças propostas nesse estágio – exceto as que são rápidas, digamos um dia – serão incluídas na próxima versão. Ao fazer isso, você é capaz de avançar para uma versão nova e melhorada *e* incorporar mudanças fáceis – coisas simples que façam grande diferença – ao projeto atual sem comprometer a entrega.

PROGRESSO GERA PROGRESSO

Na medida em que você consegue atingir certos marcos em seus projetos, deve celebrar e cercar-se dessas conquistas. Como ser humano, você é motivado pelo progresso. Quando vê provas concretas de progresso, está mais inclinado a agir.

Para usar o progresso como uma força motivacional, deve encontrar uma forma de medi-lo. Para um projeto em andamento que já se tornou público, o progresso está personificado no *feedback* e nos testemunhos da audiência. Para projetos que ainda não foram expostos, o progresso se revela como listas de itens de ação finalizadas ou velhos rascunhos que foram marcados e depois atualizados.

Seu instinto poderia ser de jogar essas relíquias fora. Afinal, o trabalho está completo. Mas algumas pessoas excepcionalmente produtivas saboreiam esses itens como testemunhos do progresso. Eles se cercam de artefatos do trabalho completado.

A inspiração para gerar ideias vem fácil, mas a inspiração para agir é mais rara. Especialmente entre projetos pesados e incômodos com centenas de itens de ação e marcos, é emocionalmente revigorante cercar-se com o progresso. Por que jogar fora as provas de suas conquistas quando se pode criar um monumento inspirador para celebrar a realização de todas as coisas? Algumas equipes, incluindo a nossa, criaram as "paredes das realizações" cobertas com velhos itens de ação. Nós literalmente reunimos os registros das tarefas completadas de projetos – geralmente páginas de cadernos de ações cumpridas e cartões com descrições de recursos que adicionamos – e depois decoramos certas paredes com esses artefatos. Para nós, a "parede das realizações" é uma obra de arte que nos lembra os progressos que fizemos até aquele instante.

Quando nos sentimos atolados no meio de tudo, podemos olhar para cima e ver todo o progresso que conseguimos antes.

Todos precisam ver o progresso incremental para sentir confiança em nossas jornadas criativas. A prova desse conceito pode ser encontrada na analogia de esperar em uma fila. Se você se encontra em uma longa fila de pessoas esperando para entrar em um *show*, vai perceber que todo o mundo fica dando pequenos passos para frente a cada minuto, à medida que a fila avança devagar. Mas se a pessoa em sua frente não se move junto com o resto da fila, você vai se sentir frustrado. Mesmo se souber que a pessoa em sua frente vai andar mais tarde, você ainda se sente frustrado ao ver o espaço adiante crescendo. Ficar parado e não sentir o progresso é difícil. Você quer continuar se movendo com a fila para se sentir produtivo. Os movimentos incrementais com a fila não o farão chegar antes, mas parecem ótimos e dão a disposição para esperar. É a mesma sensação de apertar o botão de "fechar a porta" no elevador: apesar de isso, na verdade, não fazer nada (muitos desses botões estão desabilitados), é satisfatório sentir que se faz algum progresso.

Sentir o progresso é uma parte importante da execução. Se sua tendência natural é gerar ideias em vez de agir sobre ideias existentes, então se cerque com esse progresso que pode ajudá-lo a se focar. Quando você fizer progresso incremental, celebre-o e destaque-o. Cerque-se com isso.

ORGANIZAÇÃO VISUAL E PROPAGANDA DA AÇÃO PARA SI MESMO

Não é nenhum segredo que *design* é um elemento crítico de produtividade. O *design* ajuda a manter um sentido de ordem em meio ao caos criativo. É uma ferramenta valiosa para o gerenciamento (e controle) de nossos períodos de atenção. O *design* também pode nos ajudar a fazer a propaganda das ações que precisamos realizar para nós mesmos.

Em um dia frio de fevereiro de 2009, visitei John Maeda, para descobrir como o novo reitor da Rhode Island School of Design (RISD), uma das melhores do mundo, organiza seus esforços. Promovido poucos meses antes, Maeda já estava fazendo estardalhaço no mundo acadêmico, tanto por seu currículo não tradicional como por suas estratégias ousadas de gerenciamento.

Para começar, Maeda implementou um plano de transparência radical – um tópico que vamos discutir mais tarde em Forças da Comunidade – entre a administração e o corpo de estudantes. A administração organizou uma série de *blogs*, incluindo o <http://www.our.risd.edu>, um fórum para discussão sobre a comunidade RISD ao qual Maeda contribui regularmente e no qual todo membro da equipe ou estudante pode contribuir. Em seguida, liderou a criação de uma rede de "boletins digitais" estrategicamente colocados por todo o *campus* da RISD. Esses monitores de LCD de 52" apresentam à comunidade informações sobre eventos bem como obras de arte, fotos e mensagens postadas por qualquer um no *campus*.

Eu queria muito conhecê-lo não só para aprender mais sobre seu impacto na RISD, mas também para ouvir como seu currículo único influenciou sua capacidade de transformar ideias em realidade. Maeda é artista digital, *designer* gráfico, cientista da computação e educador com graduação e mestrado em ciências da computação e engenharia elétrica, doutorado em ciências do *design* e um MBA. Antes de entrar na RISD, ensinou Artes e Ciência da Mídia no Massachusetts Institute of Technology (MIT) por doze anos e foi diretor de pesquisa no MIT Media Lab. De muitas formas, Maeda personifica o novo híbrido pensador-criador/líder do século XXI.

Seu escritório é um mapa visual do que passa por sua cabeça. As paredes estão cobertas com Post-its, esboços, planos e programas de eventos, passados e futuros, na escola. O espaço é bastante diferente de qualquer outro escritório de reitor que você já viu, e Maeda admite isso. "Se entrar no meu escritório", ele explicou, "ficará chocado com ele, mas é assim que eu penso... Não acho que é a forma apropriada para um reitor decorar seu escritório, mas isso não é decoração. É como cuspir pensamentos... quero ver o que está passando pela minha cabeça." Acredita que para realmente organizar as coisas em sua vida, ele precisa entendê-las de forma apropriada. E para entender algo — qualquer coisa — sente a necessidade de ver e trabalhar com ela visualmente.

Enquanto conversávamos, ficou claro que Maeda acredita que a capacidade do criador de se organizar não é natural. Em vez disso, devemos reforçá-la usando métodos como o estímulo visual e paredes cobertas com pensamentos, planos e objetivos.

Durante a nossa conversa, Maeda anotou muitas das minhas perguntas e comentários em pequenos Post-it retangulares que organizou cuidadosamente na mesa que estava à sua frente. Mesmo enquanto conversávamos, organizava seus pensamentos e comentários por meio de uma documentação visual da própria conversa — um processo que imitava a forma como ele organiza visualmente todos os projetos em sua vida. "Só é possível organizar algo se você entender como funciona", explicou Maeda.

As equipes na Ideo, a lendária consultoria de *design* mencionada anteriormente, também fizeram da organização visual um princípio central em todo o seu processo criativo. Quando você entra em um dos prédios da Ideo, fica chocado com o livre arranjo de mesas e computadores — todas estações de trabalho pessoais — no centro do prédio. As bicicletas dos funcionários ficam em suportes e "salas de projeto" de vidro se alinham ao longo do perímetro de todo o prédio. Cada sala de projeto é um espaço de trabalho dedicado a uma equipe de *designers* que foi montada ao redor de um projeto em particular.

Apesar de a maioria dos visitantes ficar maravilhado com a natureza criativa do espaço, fiquei intrigado pelo domínio físico dos itens de ação e esboços na parede de cada sala de projeto.

Jocelyn Wyatt, um integrante de equipe, notou como fiquei intrigado e explicou: "Nós nos beneficiamos em ficar cercados pelo que é preciso ser feito."

Wyatt forneceu mais informações sobre a natureza das salas de projeto. Os membros da equipe escrevem inicialmente em Post-it as coisas que precisam ser feitas por certas pessoas. Observações de campo e *nuances* que devem ser lembradas durante o desenvolvimento do produto ficam penduradas na parede ou em grandes cartazes espalhados em cada sala. Enquanto eu caminhava pelas salas, imaginei a utilidade de caminhar em uma lista de tarefas a cumprir tridimensional e entre *mood-boards*[10] todos os dias. Quando se trata de responsabilidade e priorização (e não deixar nada escorrer pelas frestas), nada é melhor do que isso. Claro, quando você está fora do escritório, também está fora do laço. Mesmo assim, existe algo a ser aprendido da postura bem espacial da Ideo para gerenciamento de projetos e ação.

Você vive em um mundo de escolhas. A todo momento, deve decidir o que focar e como usar seu tempo. Apesar da priorização ajudá-lo a focar, sua mente ainda pode ter a tendência a vagar. Quando se fala em produtividade, essa tendência geralmente funciona contra você. Maeda, as equipes na Ideo e muitos outros usam o *design* visual para organizar e compreender informações — e estimular a ação. Com o velho ditado "longe dos olhos, longe do coração", aprendemos que, bem em nossa frente, as ações crescem.

Quando o importante é ficar focado, você deve ser sua própria agência de propaganda da avenida Madison. As mesmas técnicas que chamam sua atenção em *outdoors* na estrada ou comerciais na televisão podem ajudar a fazer ficar mais (ou menos) engajado

---

[10] Quadro de referências visuais que apoiam um projeto, geralmente feito por meio de colagens de fotos, recortes de revistas, tecidos e objetos que exprimem os sentimentos (*mood*) relacionados ao projeto.

em um projeto. Quando você tem um projeto que é acompanhado por meio de uma tabela bonita ou um livro de esboços elegante, é mais provável que fique focado nele. Use seu espaço de trabalho para induzir a atenção aonde mais é preciso. No fim, o que você quer é se sentir compelido a agir sobre as tarefas pendentes, assim como um publicitário faz você se sentir compelido a comprar algo.

LEALDADE MENTAL: MANTER A ATENÇÃO E A DETERMINAÇÃO

DEVERIA FICAR CLARO nesse ponto que organizar a vida em uma série de projetos, gerenciar esses projetos com uma tendência à ação e sempre tocar a bola para frente são aspectos críticos da realização.

Mas aderir a uma agenda e manter a lealdade às ideias é difícil. Executar raramente é confortável ou conveniente. Você deve aceitar os problemas que vai enfrentar e antecipar os pontos de sedução que poderiam conter seu progresso.

Só dá para permanecer leal a suas buscas criativas por meio da conscientização e do controle de seus impulsos. Durante a jornada para transformar suas ideias em realidade, você deve reduzir a quantidade de energia que gasta em coisas relacionadas a suas inseguranças. Deve também aprender a enfrentar pressões externas que podem tirá-lo do caminho.

RITUAIS DE TRANSPIRAÇÃO

Apesar das muitas práticas de organização com uma tendência para a ação, a realização se resume à transpiração.

Roy Spence, presidente da GSD&M Idea City — a poderosa agência de publicidade por trás de marcas como Southwest Airlines, Walmart e da campanha "Don't mess with Texas" — já respondeu à revista *Fast Company* como mantém o ritmo entre concorrentes sérios brigando pelas contas de sua empresa. "A coisa que supera tudo é realmente trabalhar mais do que eles", declarou. "Você precisa trabalhar mais, pensar mais e ter mais paixão do que eles. Mas é muito emocionante."

Transpiração é a melhor forma de se diferenciar, principalmente no mundo criativo. Só a ética do trabalho pode melhorar suas ideias e isso faz toda a diferença. Infelizmente o suor não é glamoroso. Infinitas noites trabalhando, muito retrabalho e incontáveis reuniões consomem a maior parte de seu tempo — tudo com a intenção de soprar vida a seus projetos. A paixão por seu trabalho também vai desempenhar um papel importante. Ela leva à tolerância — tolerância a toda frustração e dificuldade que pode surgir em seu caminho enquanto procura transformar suas ideias em realidade.

Para canalizar sua capacidade de focar — e transpirar — por longos períodos de tempo, você provavelmente vai precisar desenvolver uma agenda de trabalho consistente. Estruturar o tempo gasto na execução de ideias é a melhor prática entre líderes criativos admirados, em todos os negócios. É a única forma de manter-se em dia com a corrente contínua de itens de ação e alocar tempo suficiente para aprofundar o pensamento.

Vale a pena tirar alguns minutos para olhar as rotinas de trabalho de alguns escritores prolíficos de nosso tempo. Escrever é particularmente um exercício de trabalho intensivo que exige pura disciplina e transpiração. Dá para ter todas as ideias do mundo em sua cabeça – ou na ponta dos dedos –, mas você ainda precisa escrevê-las, palavra por palavra.

Em julho de 2007, o escritor e editor Mason Currey embarcou em um projeto para entender melhor como a rotina diária de um escritor contribui para a capacidade de focar e executar. O projeto tomou a forma de um *blog*, o Daily Routines, e depois de um livro.

Currey descreveu as rotinas que escritores bastante produtivos – bem como estadistas, cientistas e artistas – prescreveram para si mesmos no passado. Durante um ano e meio, seu *site* teve poucos leitores, que eram na maioria amigos e colegas. De repente, em dezembro de 2008, por causa de um *link* de uma outra publicação, a Slate.com, ele começou a receber dezenas de milhares de acessos por dia.

Além da própria história de transpiração ter levado a um resultado positivo, os trechos de entrevistas e artigos catalogados nos oferecem o *insight* de como desenvolver um regime diário consistente para execução que pode nos ajudar a transformar nossas ideias em realidade.

Foi lá que eu descobri esta entrevista com Michael Lewis, autor dos livros *Moneyball* e *Liar's poker*, tido como um dos melhores escritores norte-americanos, feita por Robert Boynton:

Como você começa a escrever?
Esporadicamente. Vou escrever algo, mas não será o começo ou o meio ou o fim – é apenas uma ideia em uma página. Depois, como as palavras se acumulam, começo a pensar em como elas precisam ser organizadas.

Existe alguma hora do dia em que você gosta de escrever?
Sempre escrevo melhor ou muito cedo de manhã ou muito tarde à noite. Escrevo muito pouco no meio do

dia. Se faço algum trabalho no meio do dia, é editando o que escrevi naquela manhã.

Como seria seu dia de escrita ideal?

Sozinho com meus projetos, sem família, eu começaria a escrever às sete da noite e pararia às quatro da manhã. É assim que eu costumava escrever. Gosto de estar à frente de todos. Eu pensava: "Estou começando o dia de trabalho de amanhã esta noite!" O fim da noite é geralmente tranquilo. Sem telefonemas, sem interrupções. Gosto da sensação de saber que ninguém está querendo falar comigo.

Existe algum lugar em que você precisa estar para escrever?

Não, já escrevi em todos os lugares imagináveis. Gosto de escrever em meu escritório, que é uma velha cabana de madeira a uns 100 metros de minha casa. Lá tenho uma cozinha, um pequeno dormitório, um banheiro e uma sala, que uso como estúdio. Mas já escrevi em situações bastante horríveis para saber que a qualidade da prosa não depende das circunstâncias nas quais ela é composta. Não acredito na visita da musa. Acredito que você a visita. Se espera aquele "momento perfeito" nunca será muito produtivo.

A contrário de Michael Lewis, o escritor John Grisham possui uma rotina mais previsível — e era ainda mais restrita quando ele trabalhava como advogado e escrevia.

Quando começou a escrever, Grisham explicou em uma entrevista, que ele tinha "esses pequenos rituais que eram bobos e brutais, mas muito importantes: O despertador tocava às 5h e eu corria para o chuveiro. Meu escritório estava a cinco minutos. E eu precisava estar em minha mesa, em meu escritório, com a primeira xícara de café e um caderno para escrever a primeira palavra às 5h30, cinco dias por semana."

O objetivo de Grisham: escrever uma página por dia. Às vezes isso demorava dez minutos, às vezes uma hora; geralmente ele acabava escrevendo umas duas horas antes de começar seu trabalho como advogado, algo que nunca gostou muito. Trabalhando no legislativo, Grisham experimentou "enormes quantidades de tempo perdido" que dariam a oportunidade de escrever.

Quando você olha essas rotinas de escritores bem conhecidos, entende a importância da estrutura dentro de realizações criativas. Embora a agenda de cada pessoa seja diferente, o objetivo de manter uma agenda é o mesmo para todos. Viver por suas próprias tendências criativas, racionalizações e extravagâncias emocionais não é suficiente. Absoluta transpiração só virá da organização de sua energia e de seu comprometimento com algum tipo de rotina.

RECONSIDERE SEU ESPAÇO DE TRABALHO

COMO VOCÊ ORGANIZA seu espaço de trabalho é uma escolha pessoal, especialmente quando embarca em projetos criativos. O que o cerca afeta sua capacidade de focar, e talvez sua propensão a pensar criativamente. Mas as características de um espaço que nos faz mais produtivos — ou mais criativos — pode ser difícil de descrever. Algumas equipes insistem em abrir espaços no estilo de *lofts* que são compartilhados por todos os membros. Outras empresas adotam uma organização mais tradicional de cubículos pessoais ou escritórios que fornecem maior privacidade aos funcionários. Apesar de não existir nenhuma regra estabelecida em relação ao espaço de trabalho ideal, existem alguns princípios úteis que devem ser considerados.

Tipos diferentes de espaços dão suporte a diferentes tipos de atividade. Por exemplo, em um estudo recente de Joan Meyers-Levy, professora de marketing, foi descoberto que a altura do teto afeta como as pessoas processam informações. No estudo, ela colocou cem participantes em duas salas — a primeira tinha um teto com 2,5 metros de altura e a outra, com 3 metros. Pediu-se a todas as pessoas que realizassem a mesma tarefa, que envolvia agrupar itens em categorias de suas escolhas. Aqueles que estavam na sala com tetos mais altos surgiram com um conjunto mais abstrato de categorias, enquanto aqueles que estavam na sala menor propuseram categorias mais concretas. "Você foca os detalhes mais específicos em condições em que os tetos são mais baixos".

Espaços pequenos e mais confinados podem nos ajudar a focar mais intensamente enquanto espaços abertos com teto alto estimulam uma forma mais livre de pensar. "Depende muito do tipo de tarefa que você está fazendo... se está em uma sala de operação, pode ser que um teto baixo seja melhor. Você quer que os cirurgiões prestem atenção nos detalhes."

Meyers-Levy é cuidadosa em sugerir que as dimensões verdadeiras do espaço não são necessariamente a determinação principal. "Pensamos que você pode conseguir esses efeitos só manipulando a percepção do espaço", ela explicou. Mesmo assim, suas descobertas sugerem que, quando estamos pesquisando ou tentando focar os nossos itens de ação, deveríamos nos isolar em ambientes menores e mais confinados. Mas, quando fazemos *brainstorms* ou começamos um projeto criativo, deveríamos tentar trabalhar em espaços abertos.

Outros fatores — como o brilho, o nível de barulho e a decoração — também podem causar impacto em suas tendências, mas em um nível mais pessoal. Se você prestar atenção em como sua produtividade muda em condições de trabalho variáveis, pode começar a mudar seu espaço de trabalho dependendo dos projetos ou tarefas que precisa realizar.

Tenha certeza de preservar a santidade de seu espaço de trabalho. Em uma tentativa de limitar as reuniões espontâneas que provavelmente acontecem em um ambiente de trabalho aberto, você pode querer tratar seus colegas como se o ambiente de suas mesas tivesse portas imaginárias. Apesar de ser tentador possuir um ambiente aberto com gente entrando e saindo o tempo todo, às vezes o estado de fluxo criativo precisa ser respeitado e preservado. Nosso *designer*-chefe, Matias Corea, apoia a noção de ambiente de trabalho aberto, mas, quando ele precisa focar algo, usa fones de ouvido para enviar um sinal de que não quer ser interrompido.

Seu espaço de trabalho é sua zona tanto para pensamento criativo como execução. Dessa forma, as condições ideais (e restrições) para o seu espaço vão mudar constantemente. Desenvolva a consciência de suas tendências em condições variáveis e use esse conhecimento para gerenciar melhor sua energia enquanto avança em seus projetos.

REDUZA A QUANTIDADE DE "TRABALHO INSEGURO"

Enquanto você introduz suas ideias para o mundo, certamente ficará ansioso sobre o que o mundo pensará disso. Vai querer acompanhar o progresso que está fazendo o tempo todo e confirmar o *status* de tudo que criou. Essa é uma tendência normal, apesar de sua raiz estar em uma insegurança infundada — um medo de que esqueceu algo ou vai acabar falhando. Apesar de todos termos diferentes inseguranças, a maioria compartilha uma postura comum para lidar com elas: procuramos nos informar para fazer nossa ansiedade desaparecer. Para alguns, isso inclui as horas incontáveis que passamos revisando relatórios de visitas a *sites*, verificando saldos de banco e toda transação da empresa, revisando as buscas pela empresa no

Twitter e recebendo e-mails diários com todo tipo de dados que se pode imaginar — e a lista continua. Revirar todos os dados faz que nos sintamos melhor.

Chamo esses hábitos diários (que em alguns casos chegam a ser de hora em hora) "trabalho por insegurança". São as coisas que você faz e que não possuem nenhum resultado intencional, não avançam em nada e são rápidos o suficiente para serem realizados várias vezes ao dia, sem que se perceba quanto tempo estamos gastando. Apesar de essas ações serem importantes de vez em quando, não há nenhuma razão racional para realizá-las de forma tão frequente.

O trabalho por insegurança é uma armadilha que incomoda muitos líderes criativos. Sua constante necessidade de segurança se torna uma trava em sua produtividade. O trabalho que você pode fazer e que vai avançar seus projetos é substituído pelo trabalho que meramente acalma sua ansiedade. A nova tecnologia e o acesso *on-line* ubíquo pioraram essa situação. As informações que podem tranquilizá-lo estão sempre na ponta do dedo e, portanto, você sempre tem vontade de acessá-las — muitas vezes. Por quê? Porque, lá no fundo, sempre estamos imaginando o que estamos deixando escapar.

Para nos curar do vício do trabalho por insegurança, devemos empregar uma combinação de consciência, autodisciplina e táticas de delegação.

O primeiro passo é reconhecer o que você faz em seu dia a dia que acaba sendo, na verdade, trabalho por insegurança. Seja verificar as mesmas palavras em um *site* de busca ou olhar constantemente sua caixa de entrada como se fosse uma panela com água fervendo, preste atenção para onde viaja seu foco quando está distraído do projeto à sua frente. Ao etiquetar conscientemente seu trabalho por insegurança, você vai conseguir ter mais autoconsciência.

O segundo passo é estabelecer diretrizes e rituais para si mesmo. Permita-se um período de trinta minutos no fim de cada dia (ou, se quiser ousar, de cada semana), durante o qual você pode repassar a lista de coisas sobre as quais tem curiosidade. Talvez transformar tudo isso em *bookmarks* em um *browser* que você não usa normalmente – e abri-los quando for permitido! Livrar-se do trabalho por insegurança equivale a reduzir sua dependência de uma substância viciante. Você pode se encontrar desejando os dados (e a segurança) que está deixando de acessar. E, assim, vai querer se desprender aos poucos.

O terceiro passo, se for aplicável, é delegar a tarefa de olhar esses dados para um colega menos inseguro que consegue revisá-la com moderação. O colega deve receber a função de revisar os dados regularmente e – quando necessário – contar se algo está errado.

O objetivo de reduzir seu trabalho por insegurança é libertar sua mente, energia e tempo para gerar e agir sobre suas ideias. O trabalho por insegurança ameaça ser um peso, além de evitar que você escape do barulho infinito que é pensar somente na opinião do mundo. Para visualizar o que virá a ser, você deve evitar a preocupação constante sobre o que já é.

PARTE 2

As forças da comunidade

Sua capacidade de organizar e executar é somente o primeiro dos três ingredientes na tentativa de transformar suas ideias em realidade. A verdade humilhante é que as ideias não se tornam realidade por meio do gênio solitário ou da ingenuidade. Como nossa exploração das forças da comunidade vai ilustrar, outras pessoas sempre desempenham um papel no avanço de suas ideias.

Não é surpresa que ideias ganhem novas dimensões quando outras pessoas se envolvem. Conceitos são refinados de forma mais rápida, buracos na lógica são expostos mais rapidamente. Quando você engaja outras pessoas em seus projetos, torna-se responsável por ser produtivo e seguir em frente. As forças da comunidade ajudam a capitalizar sobre o *feedback*, manter-se ágil e compartilhar o peso da execução.

Seu sucesso vai depender de como faz a gestão dos esforços dos outros. Como verá nos capítulos seguintes, você deve ser proativo na identificação de quem está em sua comunidade e como incluir diversos grupos de pessoas com diferentes perspectivas. Com gerenciamento cuidadoso, sua comunidade vai se tornar a plataforma ideal para suas ideias.

GERENCIE AS FORÇAS AO SEU REDOR

SUA COMUNIDADE ESTÁ ao seu redor — equipe, mentores, clientes, colaboradores e, é claro, família e amigos. A comunidade raramente vai entender sua ideia no começo, mas vai ajudar a torná-la real no fim. Toda ideia tem seu eleitorado — membros de sua comunidade que apostam no projeto. É sua responsabilidade incluir e usar suas ideias.

As pessoas que são conhecidas por conquistarem impulso para suas ideias são principalmente boas em gerir as forças da comunidade. No entanto, há uma hesitação normal antes de usar essas forças. O processo criativo pode parecer contaminado depois que você introduz as opiniões e influência dos outros. Os artistas são famosos por suas relações rancorosas com os críticos, alguns indo a ponto de insistir que não criam seu trabalho para ninguém em especial — como se o prazer que o trabalho deles causa nos outros seja simplesmente uma consequência de seu próprio brilho. Da mesma forma, empreendedores geralmente resistem a incorporar os *feedbacks* e construir parcerias duradouras em seus empreendimentos.

O processo de criação é profundamente desgastante e alinhado com o narcisismo. Acabamos nos apaixonando por nossas ideias e nos tornamos protetores. Esquecemos de dispender tempo articulando (e fazendo marketing) de nossas ideias, nos tornamos menos receptivos a críticas e as ideias estagnam se ficam isoladas. Quando mergulhamos fundo dentro de nós mesmos, perdemos a capacidade de perceber as necessidades e sensibilidades dos outros — uma preocupação que é exigida para que nossas ideias cresçam.

Quando compartilhamos ideias com nossas comunidades, recebemos *feedback* e apoio. Podemos também encorajar os concorrentes que podem, no começo, nos ameaçar, mas que vão, no fim, nos impelir a trabalhar com mais empenho.

Mesmo baseando minhas afirmações sobre o poder das forças comunitárias no conhecimento unindo em centenas de entrevistas individuais, um crescente corpo de pesquisa científica em redes sociais também apoia a importância da comunidade — principalmente em relação à produtividade e ao sucesso.

Um artigo da *Harvard Business Review* citava um estudo do Massachusetts Institute of Technology (MIT) em que colaboradores com a melhor rede pessoal on-line eram 7% mais produtivos do que seus colegas, e aqueles com as redes pessoais face a face mais coesas eram 30% mais produtivos. Claramente, nossas comunidades — tanto on-line como offline — desempenham papel crítico na ajuda para refinar nossas ideias, permanecermos focados e realizarmos nossos projetos. Nessa seção, vamos explorar como alavancar melhor as forças positivas que a comunidade pode oferecer.

OS SONHADORES, OS REALIZADORES E OS INCREMENTALISTAS

TODOS TEMOS ALGUÉM em nossas vidas que é um perpétuo sonhador — alguém com real talento que parece nunca realizar nada.

Francisco (não é seu nome real) é um ótimo carpinteiro que ama o ofício que aprendeu muito cedo na Croácia, onde começou a desenvolver sua arte. Ele veio para Nova York só com seu conhecimento e desejo de trabalhar, de forma independente, construindo ótimas peças de carpintaria para seus clientes – armários, prateleiras e coisas assim.

Quando você fala com Francisco sobre o que ele visualiza em algum projeto em particular, seus olhos se acendem. Cheio de sotaque, ele invoca algumas palavras selecionadas cuidadosamente para descrever os detalhes. "Isso vai ser bem especial – você vai gostar da beirada fina, do toque..." E ele continua falando sobre a madeira, seus planos e o que poderia fazer depois disso. Os trabalhos nunca têm um escopo. Para Francisco, cada trabalho é simplesmente um marco em sua viagem criativa desenfreada para desenhar e construir obras-primas de carpintaria.

Os clientes de Francisco reconhecem seu brilhantismo, mas todos reclamam das mesmas coisas. Seus trabalhos nunca são entregues no prazo. Algo sempre acontece. Apesar de sempre ter uma forma amável de explicar os constantes atrasos, está claro que sua incapacidade de levar as tarefas até o fim é o problema real. Os projetos que completa são todos incríveis, mas são poucos e demorados.

Francisco é um sonhador – membro de uma das três grandes categorias de criadores que encontramos sempre em nossa pesquisa: os sonhadores, os realizadores e os prodígios que chamamos de incrementalistas. O mundo está cheio de aspirantes a empreendedores, escritores em luta e artistas apaixonados como Francisco, que possuem o dom da criatividade infinita e que são eternamente desafiados por ela.

Sonhadores como Francisco estão sempre gerando novas ideias. Como empreendedores, os sonhadores geralmente pulam de uma nova ideia de negócio para outra. Mesmo envolvidos em um projeto existente, estão sempre imaginando algo novo. Conheci alguns diretores de criação no mundo da publicidade que insistem que é trabalho de outra pessoa mantê-los organizados e focados, enquanto eles simplesmente devem gerar ideias – sonhar. Os sonhadores no mundo sem fins lucrativos são idealistas – e eles provavelmente vão se engajar em novos projetos à custa dos atuais. Da mesma forma, os artistas sonhadores estão sempre começando novos projetos, geralmente empreendimentos enormes com uma visão grandiosa de longo prazo.

É divertido estar ao lado dos sonhadores, mas eles lutam para manter o foco. No frenesi de suas ideias, podem se esquecer de responder a telefonemas, de completar os projetos atuais e até mesmo de pagar o aluguel. Apesar de ser mais provável que criem – mais do que os outros – soluções brilhantes, é menos provável que as materializem. Alguns dos sonhadores mais bem-sucedidos que conhecemos atribuem o sucesso deles à parceria com um realizador.

Os realizadores não criam tanto porque estão obcecados com o foco sobre a logística da execução. Ficam frustrados quando, durante o *brainstorm*, não há nenhuma consideração sobre a implementação. Os realizadores geralmente amam as novas ideias, mas a tendência é mergulhar nos próximos passos necessários para realmente colocar uma ideia em prática. Enquanto os sonhadores logo se apaixonam por uma ideia, os realizadores começam com dúvidas e a dissecam até se apaixonarem (ou, geralmente, descartá-la). Quando os realizadores desmontam uma ideia, tornam-se organizadores orientados à ação e administradores valiosos. Uma ideia só pode se tornar realidade depois que for desmontada em elementos organizados e passíveis de se transformar em ação. Se uma ideia brilhante e *sexy* parece intangível ou irrealista, os realizadores se tornarão céticos e acabarão dissuadidos.

E existem os incrementalistas – aqueles com a capacidade de ser sonhadores e realizadores. Os incrementalistas passam entre distintas fases de sonhar e fazer. Quando a imaginação corre solta na fase sonhadora, os incrementalistas começam a ficar impacientes. A sensação crescente de impaciência leva à fase realizadora, e a ideia é executada. E, quando chega a hora de voltar atrás e sonhar de novo, o retorno é um alívio bem-vindo por ter ficado enterrado nas questões gerenciais. Assim, um incrementalista é capaz de se deleitar com a geração de ideias, destilar os itens de ação necessários e depois levar as ideias à ação com tenacidade.

Você pode pensar que se transformar em um incrementalista é o Santo Graal para transformar ideias em realidade. A capacidade transformadora dos incrementalistas parece atrativa até que você considere as limitações inerentes. Com a capacidade de desenvolver rapidamente e depois executar ideias, os incrementalistas acabam liderando múltiplos projetos (e, em muitos casos, múltiplas empresas) simultaneamente.

Um grande incrementalista foi Jeff Staple, fundador da empresa Staple Design, dono de uma loja e da galeria Reed Space, *designer* de moda com uma linha própria de roupas e estrategista de marcas para clientes como Nike e Burton. A extraordinária amplitude de empreendimentos fez com que ganhasse muito respeito. É um pensador excepcional com uma rara habilidade para entrar e sair do modo de execução e organização durante todo o dia. Mas, quando falamos sobre suas realizações, Staple se torna contemplativo, questionando se seu caminho foi o melhor para realizar seu potencial completo.

"Adoro o fato de que fazemos tantas coisas diferentes", ele explicou, "e isso me mantém animado e não mudaria nada, na verdade. Mas eu me questiono às vezes: se só tivesse criado a galeria, a linha de roupas, o estúdio de *design* ou a loja nos últimos doze anos, onde estaria hoje? Talvez tivéssemos trinta lojas agora e talvez eu estivesse aposentado em South Beach."

Incrementalistas têm a tendência a conceber e executar muitas ideias simplesmente porque podem. Essa rara capacidade pode levar a um conjunto devastador de responsabilidades para manter múltiplos projetos às custas de jamais fazer um dos projetos se transformar em um extraordinário sucesso. Em minha pesquisa, encontrei muitos incrementalistas que eram conhecidos dentro de suas comunidades por seus muitos projetos, mas nunca em escala global. As marcas, os produtos e as ideias dos incrementalistas quase nunca chegam a realizar seu potencial completo.

Enquanto um realizador e um sonhador fazem um bom par um com o outro, os incrementalistas podem avançar quando estão trabalhando com qualquer um. Incrementalistas são o tipo sanguíneo O da colaboração – o doador universal. Depois de conversar com muitos incrementalistas sobre seus projetos mais bem-sucedidos, descobri que eles só precisam ser impulsionados de alguma forma. Um realizador vai empurrar o incrementalista para ser mais sonhador quando necessário, enquanto um sonhador traz à tona a impaciência do incrementalista e faz surgir suas tendências de realizador organizativo.

Quando examinamos a história de criações espetaculares e dos líderes por trás dessas realizações, surgem alguns exemplos óbvios de realizadores, sonhadores e incrementalistas. Bill Bowerman, o ex-treinador que desenvolveu os tênis de corrida da Nike, juntou-se com Phil Knight para transformar sua visão em negócio. Na liderança da Apple, podemos falar de Jonathan Ive (*designer*-chefe), Tim Cook (*chief operating office* – COO) e Steve Jobs (CEO) – o sonhador, o realizador e o incrementalista, respectivamente. No mundo da moda, o sonhador Calvin Klein teve Barry Schwartz, Ralph Lauren teve Roger Farah e Marc Jacobs teve Robert Duffy – três visionários da moda unidos com um realizador competente como parceiro.

Portanto, não existe uma categoria ideal. Realizadores, sonhadores e incrementalistas, todos possuem pontos fortes e limitações. No entanto, depois que você considera que tipo pode ser, é capaz de alavancar as forças ao seu redor — parcerias com bom potencial, ferramentas de organização e outros recursos — que podem fazer a diferença.

Entender as tendências de realizadores, sonhadores e incrementalistas é o primeiro passo para estabelecer parcerias e colaborações duradouras.

RARAMENTE ALGO É REALIZADO SOZINHO

TODOS TEMOS PONTOS FORTES e fracos como criadores e tendemos a assumir que estamos condenados a trabalhar dentro desses parâmetros ("Simplesmente não sou uma pessoa organizada", "Não sou bom em gerenciar clientes" etc.). De nossa discussão das tendências de realizadores, sonhadores e incrementalistas, vemos como todo o mundo pode se beneficiar de uma parceria que atue como antítese e complemento.

Se você trabalha em isolamento como sonhador, suas ideias vão e vem sem a responsabilidade e o estímulo dos outros. Como realizador, você pode enfrentar dificuldades para criar novas ideias e soluções por ficar preso aos detalhes. Como incrementalista, provavelmente vai conceber e executar muitos projetos que no fim ficam estagnados, aquém de seu verdadeiro potencial. Não importa qual seja seu tipo, desenvolver parcerias significativas talvez o faça mais eficiente.

Claro, todos ouvimos histórias de horror sobre parcerias que deram errado. Esses resultados têm a ver em geral com diferenças de personalidade ou habilidades muito parecidas. Por exemplo, uma colaboração entre dois sonhadores poderia resultar em um projeto que é prolongado na geração de ideias e inadequado na execução, enquanto uma parceria entre realizadores pode se tornar rapidamente somente execução e organização sem a visão e a espontaneidade exigida para inovação. Parcerias devem ser formadas cuidadosamente. Mas, quando elas funcionam, as ideias podem florescer em uma escala muito maior.

Há muitas parcerias famosas de longo prazo entre realizadores e sonhadores que levaram a resultados extraordinários. Uma parceria dessas acontece entre Jeffrey Kalmikoff e Jake Nickell, os cofundadores de uma comunidade de *design* de camisetas conhecida como Threadless, que começando do zero em 2000 hoje é uma empresa de mais 35 milhões de dólares.

A parceria funcionou porque Kalmikoff é um sonhador e Nickell é um realizador. Durante a fase preparatória para a primeira Conferência 99% da Behance em 2009, tive a ocasião de ouvir como os dois explicam a relação deles. "Estou sempre pensando em algo novo", disse Kalmikoff. "Vou pensar em ideias para novos negócios dentro do negócio todo dia. Jake nos mantém nos trilhos e puxa minhas rédeas. Sem o Jake, não teríamos nada."

Durante toda a nossa conversa, Kalmikoff conversou abertamente, passando de uma história a uma ideia e de volta a uma história, sem seguir uma narrativa clara. Quando seus pontos não ficavam claros, Nickell intervinha para refinar ou resumir, mantendo a narrativa nos trilhos. Os estilos contrastantes de conversação eram um microcosmo do relacionamento de trabalho dos dois. Kalmikoff, um autoproclamado "esguicho de ideias", mantém a empresa cheia de impulso e espontaneidade por meio de um rápido fluxo de potenciais inovações, enquanto Nickell peneira entre os projetos propostos, ajuda a equipe a focar os que fazem mais sentido e cria a base para a execução. Como essa parceria ilustra, realizadores e sonhadores se dão muito bem juntos. Eles raramente ameaçam um ao outro por causa de seus pontos fortes tão diferentes.

Enquanto algumas pessoas gostam de encontrar um único parceiro e permanecer com ele por muito tempo, muitos empreendedores bem-sucedidos e criativos — principalmente empreendedores que estão sempre trocando de área (de publicação de revistas a *e-commerce*, por exemplo) — procuram parceiros com base em projetos, pesando o conhecimento complementar tanto quanto o tipo de personalidade e o estilo de trabalho. Uma pessoa assim é Roger Bennett.

Bennett é tanto um idealista como um empreendedor social em série com um currículo incrível. Ele vem da mesma cidade inglesa do comediante Sacha Baron Cohen, (Borat), e possui uma postura igualmente ousada e ilimitada para sua linha de trabalho: o mundo sem fins lucrativos judeu. Ele se comprometeu a investigar questões sobre cultura e identidade. Bennett adora ideias que, apesar de deixarem todos loucos no começo, parecem óbvias quando realmente acontecem.

Bennett fundou uma grande variedade de trabalhos culturalmente fortes com o único propósito de fortalecer a identidade judaica nos jovens. Muitos profissionais criativos e, principalmente, judeus já tiveram contato com Bennett ou um de seus projetos: sua rede (Reboot) com pessoas influentes na mídia e no entretenimento; seus livros (*Bar Mitzvah Disco* e *Camp Camp*); revistas (*Guilt & Pleasure*) e a Idelsohn Society for Musical Preservation, o selo de música judaica remixada que está por trás de *Mazel Tov, Mis amigos*, o aclamado projeto de fusão de cultura ídiche e latina.

Para todo projeto, Bennett encontra um parceiro diferente. Parcerias são tão importantes para ele que prefere não começar nada antes de identificar o parceiro correto. Os parceiros de projeto de Bennett foram todos grandes complementos à sua personalidade e a suas tendências de sonhador. Para seus vários projetos de filme, ele se juntou com produtores focados no resultado. Quando escreveu seus livros, encontrou parceiros tanto com habilidades organizativas como com uma forte familiaridade com o mundo editorial. Quando lançou organizações — algo que já fez várias vezes —, ele juntou forças com profissionais orientados à ação que se sentem confortáveis gerenciando grandes grupos de pessoas. Bennett conhece bem seus pontos fortes e fracos e está sempre procurando outras pessoas com interesses parecidos, mas habilidades diferentes. Ele frequenta vários lugares, onde está sempre se encontrando com pessoas que se encaixam nesses critérios — geralmente tomando algo depois do trabalho. Essas conversas casuais com pessoas parecidas servem para que Roger construa novas parcerias.

Também existem aqueles parceiros que você contrata — pessoas que você inclui para complementar uma fraqueza específica. Durante alguns anos, observei sonhadores perpétuos que só "conseguiram dar certo" depois de contratarem um realizador de verdade cuja função era servir como parceiro em projetos criativos. No mundo dos profissionais criativos independentes, geralmente chamamos esses parceiros de "agentes". Muitos dos atores, *designers* e fotógrafos mais conhecidos possuem agentes — e eles creditam aos agentes o equilíbrio e o impulso em suas carreiras.

Enquanto pesquisava as parcerias, tive a oportunidade de falar com o conhecido artista gráfico, Chuck Anderson, de apenas 24 anos, e depois, separadamente, com seu representante Erik Attkisson. Anderson tem clientes como Nike, Adidas, Microsoft, Honda, Nokia e Vans desde que era adolescente. Em 2008, depois de uma recomendação de seu amigo e colega Joshua Davis, Anderson decidiu contratar os serviços de Attkisson. Assumindo o conjunto das tarefas de desenvolvimento de novos negócios, Attkisson recebe os pedidos dos clientes, gerencia a agenda e pensa na carreira de Anderson a longo prazo bem como no dia a dia.

Apesar de Anderson ter gerenciado o lado negócio das coisas de forma bastante competente antes, trazer Attkisson o liberou para focar intensamente o lado criativo de seu trabalho. Mas a decisão de trabalhar com alguém ainda exige muita busca. "Eu tinha feito tudo sozinho", contou Anderson, "exclusivamente, fazendo meu trabalho nos últimos quatro anos e meio". No fim, foi o apelo da escalabilidade que o fez ceder algum controle que antes parecia sensível para Anderson. "Pensei, talvez esteja na hora de tentar trabalhar com outra pessoa só para ver como posso fazer as coisas avançarem e levar tudo a um nível superior. Decidi que não queria ser somente Chuck Anderson, o *freelancer*, pelo resto da vida."

Parceiros são apenas a primeira das muitas questões a considerar quando você desenvolve suas ideias. Não precisam ser parceiros financeiros ou sócios. Parceiros estão ali para complementar suas capacidades e controlar suas tendências. Depois que você selecionar seus parceiros centrais, vai querer pensar de forma mais ampla sobre outros indivíduos — e grupos — que funcionem com suas ideias.

COMPARTILHE IDEIAS LIVREMENTE

Quando ouço a tua ideia obtenho conhecimento sem diminuir o teu. Da mesma forma, se usar a tua vela para acender a minha, obtenho luz sem te escurecer. Que as ideias possam se espalhar livremente entre todos pelo globo, para a instrução moral e mútua do homem, e a melhoria de sua condição, pareça ser algo criado de forma peculiar e benevolente pela natureza.

THOMAS JEFFERSON
Carta a Isaac McPherson, 13 de agosto de 1813.

A noção de "compartilhar ideias" desafia o instinto natural de manter suas ideias em segredo. Mesmo assim, entre as centenas de criadores bem-sucedidos que entrevistei, a postura de compartilhar as ideias sem medo é somente um pequeno passo na estrada para transformar a ideia em realidade. Durante a jornada, as forças comunitárias são instrumentais no refino da própria substância da ideia, tornando-nos responsáveis por fazer isso acontecer, construindo uma rede que vai nos empurrar para frente, fornecendo material valioso e apoio emocional, além de gerar interesse para atrair recursos e publicidade. Ao compartilhar sua ideia, você toma o primeiro passo na criação da comunidade que vai agir como um catalisador.

Vejamos o editor-chefe da *Wired*, Chris Anderson, como exemplo. Anderson escreveu o livro *A cauda longa*, que defende um modelo de negócio que capitaliza em cima de nichos pouco explorados (como a Amazon ou a Netflix), vendendo uma grande quantidade de itens raros (ou de baixa demanda) em pequenas quantidades para um setor bastante espalhado de consumidores. De muitas formas, as teorias de Anderson se relacionam com a questão de como as novas tecnologias permitem que conduzamos o poder das massas — e é uma filosofia que ele mesmo abraça.

"Não acredito que você possa fazer algo por si mesmo", explica Anderson. "Qualquer projeto que é dirigido por apenas uma pessoa está basicamente destinado a fracassar. Vai fracassar porque não tem escala. Se um de meus projetos não consegue atrair uma equipe, eu realmente devo perceber que há algo errado com ela." Para ilustrar esse ponto, Anderson usa o exemplo de sua ideia para lançar um *blog* que tinha como alvo pais *nerds* e obcecados por tecnologia como ele. Depois que compartilhou a ideia em seu *blog*, o projeto logo atraiu muitos entusiastas e assim o Geek Dads, membro da família de *blogs* da *Wired*, nasceu. Se o projeto não tivesse atraído uma equipe viável em seis semanas, Anderson disse que teria arquivado a ideia.

Anderson usa seu *blog* para compartilhar e colocar em beta teste[11] as ideias que aparecerão em seus livros. "Minha filosofia é entregar todas as minhas ideias de graça", ele explica, sabendo

---

[11] Do jargão da informática. Consiste em colocar a primeira versão de um aplicativo ou sistema disponível para uma audiência para colher ideias e dados sobre o desempenho do produto (N. do R.T.).

que elas serão "melhoradas por uma comunidade que sabe, coletivamente, mais do que eu", como aponta em seu último livro, *Free – Grátis – O futuro dos preços*, que, como *A cauda longa*, cresceu a partir de um artigo originalmente publicado na *Wired*. Usando seu *blog*, Anderson refinou os conceitos apresentados no livro baseado em *feedbacks* fornecidos a ele por meio de comentários e e-mails. Antecipando, em um sentido, seus críticos, todo um capítulo de *Free* é "construído ao redor de reclamações, preocupações ou retrocessos", em que Anderson cita diretamente questões levantadas por seus leitores e depois responde a elas. Ao compartilhar suas ideias com a comunidade, Anderson forma uma tensão junto a uma audiência engajada antes do lançamento do livro, enquanto, ao mesmo tempo, usa a inteligência coletiva de seus leitores para aprimorar seus argumentos.

No mundo corporativo, compartilhar ideias de forma livre é exigida não só para manter as ideias vivas, mas também para maximizar recursos. Dentro de uma equipe – ou entre equipes – novas ideias em geral são percepções de como gerenciar um negócio de forma mais eficiente e lucrativa.

Durante meus anos no Goldman Sachs, tive a oportunidade de trabalhar com Steve Kerr, que era responsável por lidar com ideias (*chief learning officer*[12]) na empresa. Fez a primeira implementação da "organização sem fronteiras" durante seu cargo anterior na General Electric (GE), liderando a universidade corporativa da GE de Crotonville. Sua noção era que remover as fronteiras tradicionais entre departamentos e entre a organização e seus clientes facilitaria a troca de ideias e práticas.

Kerr falava sempre em como "o sequestro de informações é uma violação da integridade", afirmando que o fracasso em compartilhar uma prática correta com sua equipe ou seu departamento

---

[12] Nas corporações modernas, a maior autoridade em gestão e desenvolvimento de talentos (N. do R.T.).

era essencialmente igual a roubar da empresa. Se você teve uma ideia ou alguma percepção de como sua equipe poderia trabalhar de forma mais eficiente e fracassou em compartilhar isso com seus colegas, Kerr argumentava que isso era o mesmo que roubar a equipe. Por essa razão, ele defendia práticas de gerenciamento que apoiavam de forma mais ampla possível o compartilhamento de ideias, enfatizando a sabedoria de mover funcionários dentro de uma empresa para espalhar ideias de forma mais eficiente entre equipes e departamentos.

Dentro de uma burocracia, às vezes você deve mudar as pessoas e literalmente compartilhar gente para compartilhar ideias. O mesmo pode ser feito para todos os empreendimentos criativos: nossas chances de sucesso aumentam quando estamos prontos a compartilhar ideias e a procurar soluções que já foram feitas por outros em nossa área.

Os exemplos mostrados por Chris Anderson e Steve Kerr são inspiradores, mas vão diretamente contra alguns dos mais celebrados geradores de ideias da última era. Steve Jobs é notório pela extrema privacidade que trata a inovação na Apple – tanto com o público como entre equipes dentro da empresa. Estudantes de todas as disciplinas criativas sempre foram aconselhados por seus professores a ter cuidado no compartilhamento de ideias. Certamente, o pensamento por trás de patentes e proteção de ideias em geral tem seu mérito. Por causa da grande paixão que temos por nossas ideias, e o valor potencial das boas, nosso desejo de protegê--las é compreensível.

Mesmo assim, minha pesquisa indica que compartilhar ideias aumenta significativamente as chances de que elas ganhem impulso e realmente aconteçam. Profissionais criativos e empreendedores afirmam que se tornam mais comprometidos com suas ideias depois de contá-las a outras pessoas. O fato é que existem muitas grandes ideias e pouquíssimas pessoas têm a disciplina e os recursos para torná-las realidade. Quando suas ideias são conhecidas por muita gente, é mais provável que sejam refinadas e você tenha mais chances de focá-las.

Como vimos com Chris Anderson, avanços na tecnologia tornam mais fácil do que nunca o rápido compartilhamento de ideias. A tecnologia fez a disseminação ser fácil, levando a mais progresso e responsabilidade. Em todas as áreas, novas plataformas permitiram que cada um de nós montasse nossas redes e rapidamente transmitisse nosso último trabalho. As perspectivas de continuar trabalhando sobre um projeto em especial e aguentar o tédio do platô de um projeto ficaram mais fáceis com o encorajamento de nossos fãs ou seguidores por meio de ferramentas sociais como o Twitter e o Facebook. O potencial dessas ferramentas, claro, depende de nossa disposição a nos abrir.

No fim, a maioria das ideias morre em isolamento porque não são compartilhadas e, como consequência, acabam esquecidas. Você tem a responsabilidade de se tornar mais permeável, mesmo se isso vai contra sua tendência natural. Você deveria compartilhar suas ideias livremente – se não for pelo bem de seu próprio sucesso, que seja pelo bem da sociedade. Em termos de perspectiva maior, você deveria esperar que suas grandes ideias se tornassem realidade para benefício de todos – mesmo se preferir não as executar.

CAPITALIZE O *FEEDBACK*

CONFORME COMPARTILHA SUAS IDEIAS com os outros, você vai saber o quanto as pessoas estão comprometidas com elas (ou não) assim que forem divulgadas. O nível de engajamento em si pode lançar uma nova luz sobre o valor e os potenciais problemas de suas ideias. E, com as pessoas se engajando com suas ideias, vão desenvolver opiniões sobre elas. O ideal é que as opiniões acabem resultando em uma troca, e essa troca resulte em *feedbacks* úteis.

O valor do *feedback* é indiscutível. É uma força poderosa e sóbria que pode ajudar a refinar boas ideias, matar as más e adiar ideias prematuras que ainda não estão prontas. Mas, se o *feedback* está tão prontamente disponível entre nós – e é tão crucial para que as ideias se transformem em realidade –, por que existe tão pouco foco nisso? Poucas equipes criativas que conhecemos – em empresas iniciantes bem como em empresas estabelecidas – dão ênfase significativo na troca de *feedback*. E muitas mentes criativas mal conseguem tolerar o *feedback*.

Feedback, no mundo criativo, está escondido por um enigma único que, no fim, está relacionado com os incentivos. Apesar de o valor do *feedback* ser alto, o incentivo em dar *feedback* para os outros é baixo – e o desejo real de ouvi-los geralmente não existe. Afinal, o trabalho para realizar suas ideias é um trabalho de amor. A última coisa que alguém quer ouvir são duras verdades sobre as coisas que ama.

No entanto, quanto mais apaixonados estamos por uma ideia, mais precisamos da realidade. Apesar da fricção desconfortável que o *feedback* pode causar, nos beneficiamos quando somos capazes de tolerá-lo. Aqueles que são mais capazes de procurar e incorporar o *feedback* conseguem vê-lo como um bem e, em muitos casos, como uma forma de compensação não financeira. No fim de um projeto, vão querer *feedback* dos outros. Perguntas simples do tipo "Como foi?" ou "Tem algo que eu disse que não fez sentido – ou algo que você teria feito diferente?" podem levar a uma troca interessante de visões valiosas. Podem preparar o terreno para mais trocas de *feedback* no futuro.

Como *freelancer* ou gerente de uma grande equipe, você pode desenvolver métodos para juntar e trocar *feedback* de forma consistente. Uma prática para pequenas equipes de alto desempenho foi mostrada por Steffen Landauer, vice-presidente de desenvolvimento de liderança na Hewlett-Packard (HP). Steffen encoraja líderes a enviar e-mails a cada pessoa de sua equipe – bem como a clientes centrais – pedindo alguns pontos de *feedback* para cada participante usando as palavras COMEÇAR, PARAR e CONTINUAR.

Pede-se a cada recipiente que compartilhe algumas coisas que cada um de seus colegas e clientes deveria COMEÇAR, PARAR e CONTINUAR fazendo. As pessoas depois devolvem suas listas ao líder da equipe (exceto o *feedback* sobre o líder, que é redirecionado a outra pessoa da equipe). Os pontos debaixo de cada título são agregados para identificar as maiores tendências: o que a maioria das pessoas sugere que Scott COMECE a fazer, PARE de fazer e CONTINUE a fazer? Pontos isolados mencionados somente por uma pessoa são descartados e os temas comuns são depois compartilhados em uma reunião pessoal com cada membro da equipe.

Já vi essa metodologia para uma rápida troca de *feedbacks* (e variações sobre ela) funcionarem muito bem em pequenas equipes em várias áreas. A troca de *feedback* precisa ser simples e orientada à ação. A metodologia COMEÇAR/PARAR/CONTINUAR em especial é orientada à ação e é rápida o suficiente para ser empregada várias vezes por ano.

Mecanismos como a postura COMEÇAR/PARAR/CONTINUAR podem ser adaptados a qualquer projeto. Eles não servem somente para juntar informação no processo de transformar as ideias em realidade, mas também mandar uma mensagem à sua comunidade de colaboradores e clientes. A mensagem sugere que você está aberto ao *feedback*, que está melhorando constantemente e que está aprendendo ativamente.

Algumas pessoas com quem conversamos sugeriram que a troca de *feedback* é uma forma poderosa de automarketing e pode levar à metamorfose do próprio projeto. Noah Brier, o chefe de planejamento e estratégia da Barbarian Group, uma seleta agência de propaganda digital em Nova York, é um bom exemplo.

Entre a elite de propaganda e mídia digital, Brier é conhecido como um estrategista bem-sucedido por trás de marcas poderosas como Red Bull, Panasonic e CNN, entre outras. No entanto, na comunidade mais ampla de tecnologia e marketing, Brier é respeitado por suas contínuas microinovações. Seja um *site* (como o Brand Tags, que agrega atributos de marca de milhões de pessoas) ou uma reunião semanal pela manhã com inovadores que se tornou o fenômeno internacional conhecido como "Likemind", Brier tem concebido e executado ideias ousadas de forma consistente. De acordo com Brier, o *feedback* desempenhou um papel central tanto no aprimoramento como na expansão desses dois projetos: "Para os dois projetos, eu me envolvi bastante e passei muito tempo mandando e-mails a todas as pessoas que fizeram alguma pergunta. Acho que o contato pessoal e o *feedback* [são] bem importantes. Envolver-me nesse nível permitiu que eu conhecesse as pessoas que estão participando do Likemind e usando o Brand Tags, e me ajuda a criar novas ideias para expandir."

Enquanto Brier junta *feedback* de projetos no reino on-line, Tom Hennes, fundador da Thinc Design, explora o *feedback* no mundo real. Especializada em exibições de *design*, a Thinc possui a habilidade para executar projetos de alto perfil — como a exposição do Museu Memorial Nacional de 11 de Setembro no local onde estava o World Trade Center — que precisam criar consenso entre várias áreas. A empresa recentemente trabalhou em colaboração com o arquiteto Renzo Piano para planejar e criar 15 mil metros quadrados de exibições para o Aquário Steinhart da Califórnia. Um criador de objetos no mundo físico, Hennes enfatiza a importância de ter *feedback* olhando e ouvindo as reações que seu trabalho provoca.

Sempre que pode, encontra tempo para passar pelo aquário para ver como as pessoas estão se movimentando entre as exibições. "Uso esse tempo para realmente absorver o produto de meu trabalho", explica Hennes, "para entender qual é o efeito das coisas que criei e como isso se compara com o que tinha na cabeça. Quero acompanhar as pessoas quando estão começando a se mover pela exibição porque os primeiros comportamentos que vejo tendem a ser os mais importantes. As primeiras quinze pessoas que entram acabarão me contando o que preciso saber. Haverá desvios — de vez em quando, algo vai mudar —, mas, na maior parte das vezes, usarão, simplesmente passarão ou não entenderão. Vejo essas pessoas, vejo a que estão reagindo e internalizo isso porque me dá ferramentas concretas às quais posso recorrer quando estou pensando em conceitos amplos. Agora sei o que algo faz na realidade. É somente uma mostra, mas é o começo da construção da base de conhecimento na minha cabeça de que se eu fizesse isso, poderia conseguir aquilo."

Como todos esses exemplos ilustram, o *feedback* ajuda a refinar as ideias existentes, estimula inovações, melhora o relacionamento com seus colegas e clientes, além de construir um repositório de conhecimento do que funciona e do que não funciona, que vai servir como um recurso a longo prazo. Independentemente de para onde vai sua carreira — e em qual estágio estão suas ideias —, você não deveria somente aceitar o *feedback*, deveria pedir. Gerentes, colegas e clientes têm a responsabilidade de compartilhar *feedback* e você deveria encorajá-los a fazer isso.

A TRANSPARÊNCIA POTENCIALIZA AS FORÇAS COMUNITÁRIAS

Nada aumenta mais a troca de *feedback* do que a transparência. Hoje em dia, se você quiser, é possível que todas as pessoas que conhece sempre vejam no que está trabalhando. Isso pode parecer uma proposta nada atrativa, parecida com trabalhar nu! Mesmo assim, sua capacidade de usar os muitos benefícios que sua comunidade pode fornecer depende de quão transparente você é com ideias, objetivos e progresso.

Tony Hsieh, CEO da empresa de varejo on-line Zappos, falou muito sobre como a plataforma de *microblog* e rede social Twitter ajudou sua empresa a construir relacionamentos mais fortes tanto externa (com clientes) como internamente (entre colaboradores). Quando Hsieh tomou a decisão de ser transparente tanto pessoal como profissionalmente usando o Twitter, o impacto foi poderoso. Hsieh explicou em um *post* sobre a participação no Twitter da empresa:

> Como a transparência radical era parte da cultura de *tweetting*, decidi tentar e ser o mais transparente possível tanto pessoalmente como na Zappos. Era também consistente com [um dos valores centrais de Zappos]: "Construir relacionamentos abertos e honestos com a comunicação." O que descobri foi que as pessoas realmente apreciam a abertura e a honestidade, e que isso fazia as pessoas sentirem mais a conexão pessoal com a Zappos e comigo, comparando com outras corporações e empresários que estavam no Twitter.
>
> Ao abraçar a transparência e *twittar* regularmente, a ferramenta se tornou meu equivalente a estar sempre em frente de uma câmera. Pois, como sabia que ia *twittar* regularmente sobre tudo que estava fazendo ou pensando, eu estava mais consciente e fazia um esforço maior para viver de acordo [com os valores centrais da empresa].
>
> Muitas pessoas usam o Twitter para reclamar ou descarregar sua raiva, mas eu geralmente tento evitar fazer isso porque não está em linha com nossos valores centrais. O que percebi é que isso também fez eu reclamar bem menos na vida real, e, por causa disso, descobri que meu nível de felicidade pessoal subiu muito.

Ao usar o Twitter, Hsieh cria uma poderosa força de responsabilidade tanto para si como para sua empresa, e ao mesmo tempo constrói a marca Zappos comunicando-se com sua comunidade (ou, nesse caso, "seguidores") de uma forma pessoal e honesta.

Uma expansão mais pública das ideias também ajuda a disseminar um sentimento de propriedade bem como aumenta a viabilidade de refinamento e de testes. Quando você transforma suas ideias em projetos, todo o mundo ao seu redor vai ser testemunha de seu progresso. Quando compartilha aspectos de seu projeto durante o desenvolvimento, vai receber *feedback* em tempo real e perguntas que revelam possibilidades inexploradas. E, quando você se distrai ou sai do curso planejado, as pessoas vão confrontá-lo sobre sua mudança de foco. Sua comunidade vai esperar atualizações contínuas e servirá como uma fonte tanto de encorajamento como de críticas construtivas. As ferramentas sociais no local de trabalho, como Twitter, Facebook e outras redes de interesse especial, e seu próprio método de ação on-line, estão fazendo o processo criativo mais transparente.

Imagine novas ideias ganhando impulso (ou se estagnando) como resultado de como sua comunidade se liga a elas. Parris Whittingham, um fotógrafo que ganha a vida registrando casamentos, viu os benefícios da transparência diretamente. Depois de postar algumas fotografias de um casamento no Brooklyn na Behance Network, outro membro da rede, o *designer* gráfico Archan Nair, da Índia, contatou-o para discutir uma possível colaboração.

Com a permissão de Whittingham, Nair pegou uma foto muito boa de um rapaz bonito do Brooklyn e o recobriu com ilustrações caprichosas e brilhantes. Aplicou uma técnica parecida em outras fotografias e, depois, ele e Whittingham postaram o projeto conjunto na Behance Network. A colaboração foi notada pela celebridade de *hip-hop* Kanye West e o blogueiro Josh Spear, trazendo reconhecimento e incentivo para novos trabalhos.

Além das colaborações e do *feedback*, que podem vir da transparência, você também provavelmente se tornará mais produtivo quando outros virem sua atividade e ajudarem a fazer conexões que, de outra forma, perderia. Andrew Zolli, o líder da

Pop!Tech, uma rede social de conferências e inovação bem conhecida, falou conosco sobre como a transparência o deixou mais organizado. "Eu abri mão da privacidade", ele explicou. "Aprendi que nenhum problema que eu poderia achar embaraçoso é incomum. Se você quer deixar que as pessoas acessem a sua vida, elas vão descobrir o que precisam. Eu tornei minha vida *open-source*.[13] Minha agenda, meu e-mail, contatos, tudo é compartilhado com a organização. Sou bastante transparente. Dá para ver o que estou fazendo."

Há todo um espectro de transparência. Enquanto alguns métodos e ferramentas ficam fora de nossa zona de conforto, mesmo um pouco de transparência adicional pode ajudá-lo a aproveitar as forças comunitárias ao seu redor. Suas ideias serão compartilhadas amplamente – e as pessoas que mais se preocuparem com seu trabalho e seus últimos projetos vão acompanhar essa informação. Você vai receber *feedback* porque todo o mundo que se importa o suficiente para dar uma opinião estará interessado em seu progresso. E as incontáveis conexões que surgirão circunstancialmente farão toda a diferença em seus projetos. Mesmo que o processo seja desconfortável, é mais provável que você fique focado e faça progressos incrementais quando um grupo de colegas, amigos e fãs estiver na expectativa, olhando.

FORÇAS DA COMUNIDADE
FUNCIONAM MELHOR ENTRE OS PARES

SE VOCÊ NÃO TRABALHA normalmente dentro de um grupo, talvez queira criar o seu próprio. Os círculos de escritores são grupos que se encontram toda semana para acompanhar o progresso um do

---

[13] Termo emprestado do jargão de informática e que significa que se pode examinar como um programa/sistema trabalha, lendo o texto original do programador (N. do R.T.).

outro e manter cada um motivado. Mas tais "círculos" não estão limitados ao mundo literário.

Por exemplo, Claude Monet é sempre reconhecido como o fundador do impressionismo, mas esse movimento, que era bastante radical em seu tempo, surgiu de um grupo de amigos e artistas. O círculo original incluía Claude Monet, Pierre-Auguste Renoir, Frédéric Bazille e Alfred Sisley; e mais tarde expandiu para incluir Camille Pissarro, Edouard Manet, Edgar Degas, Émile Zola e Paul Cézanne. No começo, os quatro amigos originais geralmente viviam e trabalhavam juntos, compartilhando recursos, inspirando um ao outro a assumir riscos e aprendendo com os erros de cada um. Monet cristalizou a importância do círculo impressionista em uma entrevista publicada na época:

> Só foi em 1869 que eu vi Manet novamente, mas nos tornamos amigos íntimos logo, assim que nos encontramos. Ele me convidou para encontrá-lo toda noite em um café no distrito Batignolle onde se encontrava com seus amigos quando o trabalho do dia no estúdio tinha terminado. Lá eu conheci... Cézanne, Degas, que tinha acabado de voltar de uma viagem da Itália, o crítico de arte Duranty, Émile Zola que estava debutando na literatura e vários outros também. Eu mesmo levei comigo Sisley, Bazille e Renoir. Nada poderia ser mais interessante do que as conversas que tínhamos com os perpétuos conflitos de opinião. A mente ficava em suspense o tempo todo, você estimulava os outros querendo opiniões sinceras e desinteressadas e se estimulava, ganhava um estoque de entusiasmo que o mantinha funcionando por semanas até que pudesse dar a forma final à ideia que tinha na cabeça. Voltava para casa mais bem preparado para a batalha, com um novo sentido de propósito e a cabeça mais fresca.[14]

---

[14] FARRELL, Michael P. The life course of a collaborative circle: the French impressionists. In: *Collaborative circles*: friendship dynamics & creative work. Chicago: University of Chicago Press, 2001. p. 27-67.

Apesar das noções predominantes do gênio solitário, essa história de como os impressionistas, um círculo de amigos, conseguiam se animar para conseguir grandes realizações no mundo da pintura é mais comum do que se pode imaginar. Círculos como esse desempenham um papel crítico na realização das ideias em todas as áreas criativas. Em alguns casos, o uso de círculos foi institucionalizado, enquanto em outros, círculos formais não existem. Independentemente disso, círculos são relevantes e altamente benéficos para todo líder com ideias.

No mundo dos negócios, a Young Presidents' Organization (YPO) usa o sistema de "fórum". Apesar de a organização ter milhares de membros, os indivíduos devem estar em grupos entre oito ou dez pares que se encontram dez vezes por ano "em uma atmosfera de confidencialidade, confiança e abertura para compartilhar as experiências de negócios, familiares e pessoais de cada um". De acordo com a YPO, "o emprego de CEO é geralmente caracterizado como solitário. O fórum serve como um antídoto a esse isolamento." Para os líderes envolvidos com o YPO, os fóruns fornecem o tipo de conselho, motivação e responsabilidade que você esperaria de um círculo.

Uma pequena rede de desenvolvimento de liderança na Cornell University empregou uma construção similar. Originalmente nascida como uma "sociedade de seniores" com 118 anos de idade, formou-se a partir de um grupo de jovens estudantes que começou a se reunir para compartilhar aspirações de carreira e desafios pessoais. O que começou anos atrás como um pequeno experimento para que os alunos permanecessem em contato se tornou uma pouco conhecida rede global de centenas de líderes emergentes que se encontram em pequenos grupos — e todos juntos uma vez por ano — com o único objetivo de compartilhar ideias, trocar *feedback* e alimentar o sentido de responsabilidade.

Apesar de a maioria dos profissionais lutar para conquistar a segurança de uma carreira, os membros dessa rede particular de formados da Cornell possuem um grande número de pessoas que desafiaram o *status quo* para lançar *start-ups*, fundar ONGs e se candidatar a cargos públicos muito antes do que outros. "Essa rede me ajudou a ter mais coragem e mais orientação", afirma um membro. Como os fóruns da YPO, pequenos grupos regionais que se encontram frequentemente nessa rede ainda são outro exemplo do poder dos círculos e como eles nos motivam a correr riscos e seguir até o final.

Independentemente de seu interesse ou área, há alguns fatores centrais para o sucesso dos círculos. Eu os chamo de "regras dos círculos" e defendo que eles deveriam ser concebidos, gerenciados e às vezes abandonados com essas regras em mente. Quando você desenvolve um círculo formal ou incentiva um grupo de profissionais que pensam de forma parecida a funcionar como um círculo, considere a implementação destes parâmetros:

Limitar os círculos a no máximo quinze pessoas. Quando grupos ficam muito maiores do que isso, as pessoas sentem que estão se responsabilizando perante uma comunidade e não como indivíduos, o que é menos eficiente. A outra razão para esse número é puramente logística: torna-se muito difícil coordenar e receber mais do que quinze pessoas. Também, quando se trata de fóruns on-line e cadeias de e-mail, grupos maiores do que isso se tornam muito impessoais e dificultam que os membros falem livremente.

Estabelecer uma agenda clara e consistente de reuniões. Círculos podem ser permanentes ou podem se encontrar um número estabelecido de vezes, e então se dissolver. Há razões pelas quais você poderia querer considerar as duas opções: um grupo de roteiristas poderia montar um círculo temporário para acompanhar o desenvolvimento de um único roteiro, enquanto um grupo de jovens empreendedores poderia criar um círculo permanente para discutir problemas e soluções empresariais.

Encontrar-se frequentemente. Para que a personalidade das pessoas se desenvolva, os círculos deveriam se encontrar no mínimo cinco vezes. Para círculos permanentes, a prática mais comum é se encontrar mensal ou quinzenalmente. Independentemente da frequência, é crítico que todos os participantes sejam responsáveis em relação à participação e pontualidade. Círculos devem ter clareza quanto às expectativas de participação porque o objetivo é aumentar a familiaridade entre os membros com o tempo. Se um membro possuir mais do que o número permitido de faltas, deve ser convidado a sair, já que a consistência da participação pode construir ou destruir o sistema de responsabilidade compartilhada do círculo.

Designar um líder. Todo círculo precisa de alguém para cuidar da agenda e confrontar membros com participação inconsistente que precisam ser pressionados. Alguns membros de um círculo estão mais aptos a participar do que outros. Os melhores líderes de círculo conseguem envolver os outros que estão se afastando ou encontrando dificuldades para se envolver. Além disso, os líderes deveriam facilitar o começo e o fim das conversas enquanto mantêm um olho no relógio.

Estender seu círculo para o mundo on-line. Com os últimos avanços na tecnologia social, círculos podem e devem usar ferramentas on-line. No entanto, círculos puramente virtuais estão em desvantagem. Sem contato real e encontros marcados que começam e terminam em uma hora programada, é difícil manter o compromisso e o nível de franqueza que existe somente em uma experiência física e íntima. Mesmo assim, todo líder deveria considerar alguns aspectos de seus círculos on-line – sejam locais para armazenar arquivos (útil para círculos literários que exigem a leitura prévia de algum trabalho) ou ambientes de discussão on-line que facilitam que as conversas offline continuem on-line.

Independentemente de sua área ou nível de experiência, os círculos podem ser um suporte às realizações criativas. Suas contribuições aos outros participantes fortalecerão o valor coletivo da experiência do círculo. Como a maioria das outras relações na vida, os benefícios que você colhe dos círculos estão diretamente relacionados com o quanto você contribui.

Outra dinâmica interessante que pode surgir dentro de um círculo – ou em outro momento da vida – é a competição. Entre pares dentro da mesma área, você vai começar a sentir a pressão para aprofundar e refinar suas ideias quando os outros começarem a compartilhar o progresso que estão fazendo. Essas vibrações competitivas podem agir como motivadores positivos.

PROCURE COMPETIÇÃO

SEIS ANOS SÃO 2.190 DIAS. Apesar de conquistas criativas espetaculares demorarem, o projeto Everyday de Noah Kalina é único por causa da consistência exigida e das forças que o transformaram em uma sensação mundial. Kalina é o primeiro a admitir que sua ideia de tirar uma foto de si mesmo todo dia – agora já completando nove anos – não era nem ousada, nem ambiciosa.

Toda noite, Kalina tirava dois autorretratos com uma câmera digital antes de ir para a cama. Em 27 de agosto de 2006, ele carregou um vídeo intitulado *Everyday* no YouTube, mostrando os primeiros seis anos de autorretratos de forma contínua, acompanhado por uma trilha sonora de sua então namorada, Carly Comando. Tornou-se um dos dez vídeos mais vistos no YouTube de todos os tempos, sendo assistido por cerca de 20 milhões de pessoas. A ideia simples de Noah – e o incrível compromisso de realizá-la – se tornou arte e inspiração para pessoas ao redor do mundo. Várias aparições se seguiram ao lançamento do vídeo, incluindo cobertura por prestigiosos programas de televisão (*Good morning America*, *CBS evening news*, *ABC news*) e jornais (*New York Times*, *Washington Post* e *Los Angeles Times*), o que muito impulsionou sua carreira de fotógrafo.

A ideia de Kalina de documentar sua vida por meio de fotos diárias se tornou um grande projeto plurianual criado a partir de uma única tarefa diária. No entanto, ao contrário do que milhões de espectadores possam pensar, Kalina começou sem nenhum plano específico para esse projeto. Mesmo depois de anos tirando as fotos, ele não sabia como (ou se) esse projeto seria apresentado a outras pessoas. Era só uma ideia – um projeto criativo – que só tomava alguns minutos diários para ser implementado. Enquanto as forças da organização e da autodisciplina mantiveram Kalina na tarefa, o projeto era somente uma aventura solo até que outra força – a competição – entrou no meio. Uma noite, enquanto explorava vários *blogs* na comunidade fotográfica, Kalina viu um vídeo feito pela fotógrafa Ahree Lee, que fez uma montagem de três anos de seus autorretratos diários.

Kalina tirou fotos de si mesmo por seis anos antes de decidir juntá-las para o que se tornou um dos vídeos virais mais populares de todos os tempos. Talvez o mais surpreendente foi que o impulso do projeto não veio de amigos ou colegas – foi de Lee. Kalina viu o vídeo de Lee e sabia que podia fazer algo ainda melhor. O projeto de Lee serviu como um poderoso catalisador para a ação. O que se seguiu foi um esforço determinado para apresentar seu projeto ao mundo. Havia outros fotógrafos juntando seus próprios conjuntos de fotografias diárias, mas o projeto de Kalina já englobava alguns anos e ele ia fazer tudo para ser percebido.

Sem o compromisso de Kalina a suas tarefas diárias de tirar autorretratos, o projeto nunca teria ido tão longe. Sem a força da competição de Lee, o projeto nunca teria se transformado em algo que ajudaria sua carreira. Sem a colaboração de Comando na trilha sonora, o vídeo poderia nunca ter alcançado o mesmo impacto. A ideia de Kalina não foi necessariamente nova, mas a dedicação e a disciplina com que a executou foi incrível. E, sem o catalisador da competição, quem sabe quando ele teria apresentado seu projeto ao mundo?

As ideias geralmente têm a tendência a se estagnar até sermos levados à ação ou pela animação ou pelo medo. A perspectiva de alguma outra pessoa competindo e recebendo a glória por uma ideia que você teve primeiro é dolorosa. Ideias são realizações sagradas nascidas de nosso mais profundo senso de identidade e admiração. Alguém pode argumentar que nossas ideias são uma extensão de quem somos e queremos nos tornar. É por isso que a competição trabalha com algo quase primitivo – a luta darwiniana pela sobrevivência.

Por essa razão, a competição – independentemente de surgir de uma camaradagem amiga ou inveja total – é uma força motivadora extremamente poderosa. Ela serve como um catalisador para agir e nos impelir a melhorar nosso nível geral de desempenho. Qualquer líder pode perder facilmente o foco sem um grupo de competidores para mantê-lo no curso correto. As forças competitivas ao nosso redor mostrarão as melhores formas de fazer as coisas. Estude-os – e conheça-os – em vez de fingir que não existem. Apesar de isso poder ir contra sua natureza, você deveria procurar ativamente a competição e ser grato por ela. Ao aceitar a competição, você conseguirá permanecer no topo da disputa.

COMPROMETA-SE PARA CONSEGUIR O MESMO DOS OUTROS

QUANDO VOCÊ LANÇA um novo projeto, quer que todos que conhece ajudem a divulgá-lo. Vai querer apresentá-lo a potenciais clientes. No fim, vai querer que sua comunidade garimpe suas agendas de telefones e recursos para ajudar sua ideia a ganhar impulso. Mas se você não demonstrar todo seu compromisso com a ideia que está transmitindo, você tem um problema.

Um exemplo que tenho em mente é o de Rebeca (não é seu nome verdadeiro), uma aspirante a *designer* de joias que me procurou para conseguir conselhos sobre seu novo empreendimento. Rebeca desenvolveu uma extraordinária linha de joias em seu tempo livre nos fins de semana que estava recebendo ótimo *feedback* dos primeiros clientes. Ela também tinha acabado de receber boas resenhas de *blogs* que, por sua vez, levaram a mais tráfico no *site* e algumas vendas inesperadas. Ela estava ficando mais confiante em relação potencial de seu empreendimento e começando a levar tudo mais a sério.

Conforme ela fazia perguntas importantes e levava em consideração minhas sugestões, fiquei impressionado com sua determinação. Enquanto continuava nossa conversa, comecei a considerar o que poderia fazer para ajudar – e quem eu poderia apresentar a Rebeca. Na época, o alcance da Behance no mundo do *design* de joias estava crescendo bastante. Talvez eu pudesse escrever um artigo sobre o trabalho de Rebeca ou apresentá-la a algum dono de loja que poderia ajudá-la a lançar sua coleção? Mas por mais impressionado e animado que estivesse por Rebeca, sentia uma reserva que me impedia: ela ainda não tinha assumido um compromisso completo com o empreendimento. Seu emprego de tempo integral como analista em um banco de investimentos ainda consumia a maior parte de seu tempo. Ela até me disse que alguns de seus pedidos recentes eram grandes demais para serem cumpridos. Estava lutando para melhorar seu *site* e contratar algumas pessoas para ajudá-la a montar as joias no limitado tempo livre que tinha.

Minha maior preocupação era que Rebeca não seria capaz de aproveitar as apresentações ou oportunidades que eu queria fornecer. Isso seria mal para ela — e talvez para mim, se eu fizesse as apresentações. Ela estava realmente disposta a dar o salto de uma carreira estável para outra que envolvia mais riscos? Estava disposta a colocar seu coração naquilo? Como descobri mais tarde, parece que eu não era a única conexão com quem Rebeca estava discutindo. Todos estávamos esperando por seu compromisso antes de fazer algo para ajudá-la.

Quando você se compromete publicamente e assume o risco de transformar uma ideia em realidade, acumula o que eu chamo de "benefícios do compromisso". Eles representam uma probabilidade maior de que os outros também assumam o risco — financeiramente ou com suas reputações — para apoiar seus projetos.

Quando pergunto a líderes de novas empresas sobre o momento em que o sucesso realmente começou, eles geralmente falam sobre quando informaram seus contatos sobre as drásticas mudanças (e, por isso, o risco) que decidiram fazer em suas vidas — o e-mail que enviaram para seus amigos e familiares anunciando a decisão ou o *post* no *blog* no qual escreveram sobre as razões para a transição. Somente depois de se comprometer publicamente é que eles experimentaram o apoio completo de suas comunidades.

Quando você se compromete, sua comunidade estará mais disposta a comprometer recursos para ajudá-lo. Apesar de ser bom — e talvez até aconselhável — trabalhar sobre suas ideias por um tempo antes de se lançar a elas, você deve reconhecer que sua comunidade não vai apoiá-lo antes de você se comprometer totalmente.

CRIE SISTEMAS PARA CONSEGUIR RESPONSABILIDADE

TALVEZ A MAIS CRÍTICA de todas as forças comunitárias seja a responsabilidade. Por causa de todas as tendências da mente criativa que discutimos, não é surpresa que precisamos de ajuda para permanecermos focados e comprometidos com nossos objetivos. Há múltiplas formas de criar um sistema de responsabilidade para nós mesmos. Na conferência anual de Tecnologia, Entretenimento, Design (TED), o poder do palco possibilita que os líderes se comprometam com objetivos ousados. Várias redes sociais on-line fornecem ferramentas para artistas apresentarem seu trabalho. Para os trabalhadores *freelance* e solitários, o movimento de cooperação no trabalho fornece um espaço comunitário que intensifica o foco.

A PRESSÃO DO PALCO

SÃO 8H30 EM UMA MANHÃ fria em Long Beach, Califórnia. Aproximadamente 900 pessoas viajaram até aqui de todo o mundo para a conferência anual TED. Líderes do mundo da tecnologia, entretenimento e *design* vieram ver um conjunto de apresentações de 18 minutos sobre novas ideias e descobertas nessas áreas. Eles também fizeram a peregrinação para conhecer outras pessoas durante as paradas e jantares que acontecem nos cinco dias do evento.

A audiência é cheia de estrelas. De lendas da tecnologia, como Bill Gates, Steve Wozniak e os fundadores do Google, Larry Page e Sergey Brin, a ícones do entretenimento, como Robin Williams e Ben Affleck, todo o mundo veio para se maravilhar de uma forma saudável. O *slogan* da TED é "ideias que merecem ser espalhadas". Como curador-chefe, Chris Anderson (não confundir com o Chris Anderson da *Wired*) explica que o objetivo é "colocar pessoas brilhantes no palco do TED e deixar que o resto aconteça sozinho". Mas a maior esperança coletiva é que algumas das mais importantes e oportunas ideias vão ganhar os palcos e algum impulso também. Ao contrário de grande parte das conferências, a maioria das pessoas na sala do TED possui a rara combinação de ideias ousadas, recursos e influências para fazer algo com elas.

Mas o grande potencial dessas pessoas brilhantes com ideias e recursos seria desperdiçado sem nenhuma responsabilidade. Felizmente, há um mecanismo chamado Prêmio TED, entregue todo ano a três pessoas que se tornaram líderes em seus campos de interesse. De acordo com o *site* oficial, o prêmio foi "criado para alavancar o excepcional conjunto de talentos e recursos da comunidade TED. É entregue anualmente a três indivíduos brilhantes que recebem, cada um, 100 mil dólares e, muito mais importante, a concessão de 'um desejo para mudar o mundo'". Os ganhadores são identificados meses antes e devem preparar uma apresentação de 18 minutos sobre seu "desejo" para a cerimônia de premiação.

Ganhadores antigos incluíram Bill Clinton, o cientista E. O. Wilson, o vocalista do U2, Bono, e Jill Tarter, diretor do Instituto SETI, uma organização científica global que busca inteligência extraterrestre. Todos os ganhadores possuem algo em comum: são líderes em suas áreas, possuem desejos ousados para o mundo (que pode ser a luta contra a AIDS na África ou a preservação da biodiversidade da Terra) e têm os recursos e as redes para realizar esses desejos. Na verdade, os ganhadores podem ser as pessoas mais equipadas e bem posicionadas no mundo para realizar os desejos que eles compartilham com a audiência da TED.

Quando os vencedores sobem ao palco, um por um, para aceitar o prêmio e apresentar seus desejos ao mundo, uma audiência de titãs ouve atentamente. No intervalo antes de cada nova apresentação, é transmitido um vídeo com uma atualização no progresso feito pelos desejos do ano anterior. A combinação de uma audiência influente e atualizações em progressos dos desejos anteriores cria um sentido poderoso e tácito da responsabilidade para os novos ganhadores. Todo ganhador sabe que, um ano depois, se-rão eles que mostrarão o progresso que fizeram para a plateia e para todo o mundo.

O Prêmio TED é um exemplo de como dá para usar o palco para aumentar o foco sobre uma boa causa. As pessoas ao seu redor jogam um papel crucial para que você se torne responsável por suas ideias. Mesmo se possuir os recursos e os meios para transformar suas ideias em ação, você ainda vai se beneficiar do estímulo que só pode ser dado por outros.

O PODER DA REDE

QUANDO EU ESTAVA NAVEGANDO pela internet uma noite, encontrei o trabalho de Brock Davis, que tinha publicado um projeto chamado "Faça algo legal todo dia" alguns meses antes e estava começando a receber dezenas de milhares de visitas todo dia. Davis tinha proclamado, no começo de 2009, que criaria algo novo e "legal" todo dia e publicaria na Behance Network. O que se seguiu foi uma onda infinita de peças de portfólio, todas com uma legenda e alguma mudança artística inteligente que fazia todos esperarem pela próxima. Por meio de uma consistência absoluta, Davis construiu uma audiência na rede que visitava seu portfólio todo dia para rever seu último *post* e mandar palavras de encorajamento. Saber que tinha uma audiência esperando, por outro lado, incentivava Davis a continuar a postar regularmente.

O que eu não sabia na época era que Davis era só um dos quase mil profissionais criativos que tinham se unido, por meio de várias redes on-line, em um grupo chamado MSCED (das iniciais do projeto em inglês *make something cool every day* [faça algo legal todo dia]). O grupo era formado por *freelancers* da comunidade criativa que tinham a determinação conjunta de desenvolver consistentemente seus portfólios, conseguir *feedback* e trabalhar sob a pressão do tempo. Claro, toda essa colaboração dependia implicitamente da responsabilidade atribuída por outros participantes bem como por centenas de milhares de visitantes de todo o mundo que eram cativados pela consistência da originalidade do trabalho que era publicado diariamente.

O poder da responsabilidade vem de sua comunidade – aqueles ao seu redor que possuem interesse em seu trabalho e em sua vida. Como você aprendeu de nossa discussão sobre os benefícios da transparência e da participação ou criação de círculos de pares, a responsabilidade sobre suas próprias ideias é bastante ampliada quando você "leva a público" qualquer projeto – e ainda mais quando proclama publicamente seus objetivos.

OS BENEFÍCIOS DE UM ESPAÇO DE TRABALHO COMPARTILHADO

No TRADICIONAL MUNDO corporativo, a hierarquia dentro das equipes e das forças de interação face a face, várias reuniões programadas e ferramentas burocráticas de gerenciamento de projeto são mecanismos de responsabilização. Vale a pena ter alguém olhando por cima de seu ombro. Às vezes precisamos de um empurrão.

No entanto, muitos desses mecanismos no ambiente corporativo tradicional são muito pesados, desmotivadores e antiquados. Um novo conjunto de tecnologias agora permite que sejamos responsáveis perante nossos colegas e gerentes sem precisar ficar à vista deles. Podemos acessar nossos e-mail e agenda de qualquer lugar do mundo. Na teoria, sempre podemos ser encontrados. De várias formas, as avenidas da responsabilidade fornecidas pela tecnologia também permitem que tenhamos vidas mais livres e flexíveis.

Para entender como os sistemas de responsabilidade podem ser incorporados a um fluxo de trabalho flexível que leva à geração de ideias, deveríamos examinar o movimento emergente conhecido como cotrabalho (*coworking*).

A noção de cotrabalho é muito simples. Profissionais de todas as áreas – podem ser *freelancers* ou trabalhadores a distância – se juntam em um espaço neutro para trabalhar juntos. Pode ser uma cafeteria ou um espaço de escritório público que aluga mesas. Apesar de os profissionais não poderem colaborar em seus trabalhos, eles compartilham um ambiente de trabalho que aumenta o foco e o profissionalismo. De muitas formas, o cotrabalho traz os benefícios de um ambiente de trabalho sem os custos implícitos. Não há nenhum patrão no lugar, nenhuma interação e nenhuma política corporativa. Mas todos se sentem um pouco pressionado a ficar focado. Além disso, a troca de práticas e as colaborações de momento que supostamente acontecem no ambiente de trabalho clássico florescem ainda mais entre profissionais tão distintos.

Tony Bacigalupo foi um dos primeiros proponentes do movimento cotrabalho em Nova York e acabou fundando um ambiente de cotrabalho chamado New Work City que vários *freelancers* e trabalhadores a distância de várias áreas usam diariamente. Bacigalupo acredita que o cotrabalho é a resposta para qualquer mente criativa que está tentando desenvolver ideias profissionalmente. "Somos animais sociais que ficam loucos em um espaço isolado cheio de distrações", ele explica. "O mais importante é que precisamos de interação com os outros e uma motivação para ficarmos focados". Seus olhos brilham ao descrever os benefícios que ocorrem quando indivíduos trabalhando em áreas diferentes se juntam em um único ambiente social – e como o cotrabalho está redefinindo nossas noções de local de trabalho contemporâneo. Ele me contou que, depois de um dia de cotrabalho, as pessoas geralmente sentem como se tivessem completado vários dias de trabalho.

Bacigalupo lembra-se de uma história do começo de seus dias de cotrabalho, quando recebeu um e-mail com um *link* engraçado do YouTube. Seu impulso para se distrair foi superado quando ele olhou para um dos seus amigos cotrabalhadores, focado totalmente em suas tarefas. "Senti-me socialmente compelido a continuar trabalhando", conta-me Bacigalupo. "Há tanto valor nas outras pessoas olhando para o que você está fazendo — não necessariamente seu patrão, mas alguém que você realmente respeita".

Mas acontece que a responsabilidade não é o único benefício do cotrabalho. Bacigalupo também cita as oportunidades de trabalho e o aumento de produtos criativos como resultado da tendência, afirmando: "Muitos amigos *freelancers* conseguiram trabalhos por causa do cotrabalho, alguns receberam valiosos *feedbacks* de colegas com mais experiência e outros começaram empresas completamente novas baseadas em *brainstorms* que começaram em espaços de cotrabalho. Diversidade de habilidades é, na verdade, um dos pontos fortes do cotrabalho. Ao juntar pessoas com ideias parecidas de diversas profissões no mesmo lugar, você cria um poderoso contingente de energia cerebral."

BUSCANDO ESTÍMULO NO SERENDIPISMO[15]

Algumas das mentes criativas mais produtivas contam com uma dose periódica de sobressaltos para ficarem estimuladas. Ou, como o presidente da RISD, John Maeda, uma vez postou em seu Twitter: "A diversidade de opiniões e circunstâncias aumenta a probabilidade de 'acidentes felizes'. Serendipismo surge das diferenças." O estímulo não é só necessário quando se desenvolvem novas ideias, mas também é crítico quando se refinam soluções para um problema em particular. Seu cérebro se beneficia dos novos ângulos que surgem dos pontos de vista externos.

---

[15] Neologismo, vem do termo em inglês *serendipity*, que descreve a realização de uma descoberta inesperada, por acaso, porém com sagacidade na interpretação dos dados. Um exemplo famoso de serendipismo é a descoberta da penicilina por Alexander Fleming em 1928 (N. do R.T.).

Alguns líderes criativos creditam os erros do passado como fontes de descobertas criativas. Na conferência TED, o *designer* de moda Isaac Mizrahi explicou que muitas de suas ideias vinham de "erros ou equívocos do olho". Erros ajudam porque são inesperados. Mas você não precisa cometer erros para encontrar o acaso. Considere algumas das estratégias que já vimos — todos os métodos para provocar e aproveitar o serendipismo no ambiente de trabalho diário.

Trabalhe em meio a outros campos de conhecimento. Cotrabalho e esforços para juntar pessoas com conhecimentos variados no mesmo ambiente de trabalho criam trocas inesperadas. Muitas pesquisas mostram que a interseção de diferentes disciplinas é a catalisadora da visão revolucionária. Em seu livro *O efeito Médici*: como realizar descobertas, Frans Johansson explica que uma explosão de ideias acontece "com a interseção de diferentes áreas, culturas e indústrias". Entre os muitos exemplos no livro de Johansson está uma discussão espontânea entre um pescador e um arquiteto que resultou em um novo *design* para redes de pesca que transformou a vida do pescador italiano. Diversidade de conhecimento cria novas formas de olhar para problemas antigos. Para capturar os benefícios da polinização cruzada, devemos evitar o isolamento quando em ambientes de trabalho heterogêneos.

Aproveitar os erros. Quando você comete um erro, permita-se continuar pelo mesmo caminho por algum tempo. Ao menos para ter uma perspectiva alternativa (o que é às vezes difícil de conseguir), use todos os erros como uma lente para ver as coisas de forma diferente. Um dos exemplos mais famosos de descoberta por erro é a invenção do micro-ondas pelo cientista da Raytheon, Percy LeBaron Spencer durante a Segunda Guerra Mundial. Enquanto trabalhava no desenvolvimento de um sistema de radar para ajudar os exércitos Aliados na detecção dos aviões de guerra nazistas, Spencer ficou na frente de um magnetron. Mais tarde, o cientista despretensioso percebeu que o chocolate que estava no seu bolso havia derretido. Mais experiências para entender esse acidente criaram toda uma indústria.

Outro exemplo é a invenção do Post-it — resultado de um lote de adesivos malfeitos. O adesivo, fabricado nos laboratórios da 3M, era tão fraco e pouco confiável que deu a ideia para um adesivo temporário — cuja fraqueza fosse, na verdade, seu melhor recurso.

Os erros que levaram a descobertas tanto do micro-ondas comercial como do Post-it poderiam ter sido simplesmente ignorados — um bolso de camisa arruinado e um lote descartado de adesivos. No entanto, nos dois exemplos, os indivíduos criativos decidiram aproveitar seus erros. Como resultado, temos duas invenções que agora são usadas em todo o mundo diariamente.

LEVAR SUAS IDEIAS
PARA SUA COMUNIDADE

AGORA É FÁCIL ENTENDER por que as ideias raramente acontecem isoladamente. As ideias morrem rapidamente sem as forças que ao nosso redor as mantêm frescas na cabeça. Se somos suficientemente transparentes, nossas ideias ganham impulso a partir do *feedback* e da responsabilidade atribuída pelas pessoas ao nosso redor. Toda ideia possui múltiplas partes potenciais e é seu dever informar e engajar aqueles que podem desempenhar um papel crucial em suas realizações.

O valor das forças comunitárias existe somente se você for capaz de vender suas ideias bem o suficiente para engajar outras pessoas. Apesar de o primeiro conjunto de forças comunitárias que discutimos ser da variedade "puxar" — atrair as pessoas para seu processo a fim de beneficiar as próprias ideias —, vamos agora discutir o segundo conjunto, que está mais ligado ao "empurrar". Como você divulga suas ideias — e a si mesmo — vai determinar o impacto que você tem e a amplitude da comunidade que vai alcançar. Sua capacidade de empurrar suas ideias amplamente também vai depender de como se sintoniza às necessidades e preocupações dos outros.

SUPERAR O ESTIGMA DA AUTODIVULGAÇÃO

ALGUNS ANOS ATRÁS, o *Washington Post* realizou um experimento bastante estranho envolvendo um violino Stradivarius de 3,5 milhões de dólares, uma estação de metrô de Washington, D.C., e Joshua Bell, um dos mais aclamados violinistas do mundo.

Alguns dias antes, Bell tinha tocado na Symphony Hall em Boston, onde os ingressos mais baratos custavam cem dólares. Mas nesse dia de inverno, no horário de pico da manhã, Bell se posicionou na movimentada estação de metrô L'Enfant Plaza, vestido com roupas normais e um boné de beisebol, e tocou algumas das melhores peças clássicas já escritas, como a *Chaconne da partita nº 2 em ré menor*, de Johann Sebastian Bach, e *Ave-Maria*, de Franz Schubert.

Enquanto Bell fazia sua apresentação virtuosa, mais de mil passageiros apressados cruzaram por ele a caminho do trabalho. Quase ninguém conseguiu apreciar sua habilidade e somente uma pessoa o reconheceu. Depois de tocar por 43 minutos, Bell ganhou apenas 32,17 dólares. Resumindo, seu precioso dom passou despercebido.

Em muitas formas, é profundamente deprimente que alguém tão talentoso quanto Joshua Bell não conseguisse atravessar a cacofonia de um trem diário. Ao mesmo tempo, as pessoas provavelmente teriam ficado boquiabertas se tivessem recebido as dicas de contexto — como uma placa anunciando que Bell estava usando um violino de 3,5 milhões de dólares ou uma corda de veludo circulando a área em que ele se encontrava.

Claramente, o marketing é importante. No entanto, é muito frequente que o marketing traga má reputação, principalmente se o produto é você mesmo. Tentativas honestas de fazer marketing com suas habilidades podem ser percebidas como autopromoção; então, por medo de ser visto como alguém muito egocêntrico ou muito promocional, hesitamos em fazer marketing próprio abertamente.

Mesmo assim, todos concordamos que sua capacidade de ter acesso a recursos e oportunidades em sua comunidade depende de que outros reconheçam suas qualificações, suas iniciativas e seus interesses. Afinal, se ninguém sabe o que você está fazendo e o que precisa para conseguir, então não vai conseguir engajar outras pessoas. Certo grau de autopromoção é exigido se não quiser viver uma vida profissional que lembre a experiência de Joshua Bell. Se as pessoas não forem levadas a reconhecer seus pontos fortes, como vão saber quando, onde e como alavancá-los?

Eu toquei na tendência para uma força de trabalho mais móvel e independente no começo deste livro e, enquanto pesquisava o tópico, falei com Sara Horowitz, fundadora da União de Freelancers (Freelancers Union), uma organização que luta para criar uma plataforma para trabalhadores autônomos. Essa é uma área de crescimento explosivo. Em um ano, a União viu seu número de sócios quase duplicar, de 55 mil trabalhadores independentes a bem mais de 105 mil. Cada vez mais pessoas estavam decidindo trabalhar por conta, geralmente abandonando empregos corporativos em favor de um estilo de vida mais autônomo.

Horowitz reconheceu que *freelancers* em todas as áreas compartilham uma dificuldade comum para se autodivulgar. Quando você trabalha sozinho, não possui um departamento de *marketing* ou uma equipe de pessoas para fazer as ligações de vendas. "*Freelancers* precisam passar metade de seu tempo se divulgando e a outra metade fazendo seu trabalho", explicou Horowitz. Sem marketing, os *freelancers* não demonstram adequadamente suas capacidades, o que pode resultar na falta de novos clientes.

Mas o estigma da autopromoção e dos esforços de promoção declarados é forte entre os trabalhadores independentes.

Inovadores, em especial, são geralmente culpados de entrar em novos projetos com uma atitude "construa e eles virão" que privilegia a noção de um gênio inegável acima das eficiências do *marketing* inteligente.

Horowitz acredita que a diferença entre a autopromoção deplorável e sensacional está nas intenções. "O marketing não deve ser visto como falso", ela explica. "Em sua melhor expressão, o marketing é construir relacionamentos — e aprender." Quando você vai almoçar com outras pessoas, quando pede *feedback* e desenvolve uma relação baseada na troca mútua de informações, é marketing otimizado. É otimizado porque as intenções são multidimensionais. Você está avaliando o processo de conhecer alguém, aprender algo novo e, no processo, familiarizando-os com suas capacidades. A autopromoção, parece, é similar à polinização cruzada. Você tem a oportunidade de comunicar seus objetivos ao procurar entender os dos outros.

Todos nós podemos aprender com os desafios únicos que os *freelancers* enfrentam. Como estes não têm um chefe para recompensar (e desenvolver) pontos fortes com novas oportunidades, precisam procurar ativamente novos projetos que demonstrem suas capacidades. E, como *freelancers* geralmente não possuem os recursos para fazer campanhas de relações públicas (RP) — e hesitam em se autopromover abertamente dada a natureza de suas comunidades —, devem focar no marketing por meio da construção de relacionamentos. Por necessidade, *freelancers* assumem a responsabilidade de comunicar seus próprios pontos fortes.

Quando você trabalha dentro de uma organização, é mais fácil depender dos outros para receber oportunidades. Quando eu trabalhei com Rob Kaplan, o ex-vice-presidente do Goldman Sachs, ele compartilhou histórias de gerentes médios, desapontados com avaliação e com o bônus recebidos de fim de ano, reclamando por não terem sido promovidos e reconhecidos por seu verdadeiro potencial.

Eles culpavam seus gerentes, mas Kaplan pedia que olhassem para si próprios. "Sua carreira é 100% responsabilidade sua", ele falava. Fazer marketing dos próprios pontos fortes, acreditava Kaplan, era no fundo uma responsabilidade que cada pessoa tinha de aceitar.

Não se pode depender de outros – principalmente de gerentes e clientes – para divulgar seus pontos fortes. Em um mundo ideal, os gerentes pensariam o tempo todo em como utilizar sua equipe da melhor forma – e os clientes sempre descobririam seu melhor potencial. Infelizmente, a realidade é que patrões e clientes estão tão preocupados com suas próprias carreiras quanto você com a sua. É preciso assumir a tarefa de fazer marketing de seus pontos fortes em suas próprias mãos.

Depois que você aceita a responsabilidade de fazer seu próprio marketing, pode começar a procurar oportunidades. Geralmente, a oportunidade para demonstrar seus melhores pontos fortes surge como um projeto paralelo ou uma atividade extracurricular fora do escopo de suas atividades oficiais. Pequenos problemas que surgem o tempo todo são, na verdade, oportunidades para as quais você pode adicionar um valor único. Lute contra o desejo de esperar por instruções e aprenda a mostrar suas habilidades e conhecimentos sem ser convidado.

AUTOPROMOÇÃO EFICIENTE CONSTRÓI RESPEITO

NÃO SURPREENDE QUE OS CRIADORES de ideias em série que conheci, em todas as áreas, foque no marketing próprio e de suas marcas. Em essência, cada um desenvolveu um programa para se autopromover, mas não da forma como você pensaria. Como Sara Horowitz apontou em nossa conversa, há algo sobre o marketing que parece inerentemente "falso". Deve ser por isso que a maioria das campanhas bem-sucedidas não são realizadas como uma campanha, mas como um aspecto constante de desenvolvimento de marca que parece vir de um lugar autêntico. Em vez de parecer uma autopromoção de gosto duvidoso, o melhor marketing cria respeito.

Pegue, por exemplo, Brier, estrategista de marketing (criou a Brand Tags, o Likemind e foi incluído na lista das cem pessoas mais criativas nos negócios da *Fast Company*[16]). Ele mantém um *blog* (<http://www.noahbrier.com>) desde 2004 em que registra seus pensamentos sobre uma ampla variedade de assuntos que o interessam – tudo desde neurociência e truques de produtividade (*life hacks*) até negócios, economia e criatividade. Resumindo, ele não escreve só sobre marketing, nem vê seu *blog* como uma ferramenta de marketing. Em vez disso, é uma *sandbox*, um lugar para compartilhar e comentar eventos atuais, propor ideias e projetos, entre outras coisas. Como é um estrategista, o produto que Brier tem a vender é seu pensamento, e é isso que o *blog* faz. Com o tempo, ele se tornou um polo de atração para quem está à frente na mídia digital por causa das visões e interesses de Brier.

O *blog* é somente uma das muitas formas pelas quais Brier fala com sua audiência. Muitas pessoas conheceram ou encontraram Brier por meio de sua participação no Likemind. De vez em quando, pessoas criativas em cidades de todo o mundo se juntam para tomar um café logo cedo, antes de começarem a trabalhar. Essas reuniões Likemind são coordenadas por um *site* que Brier desenvolveu depois de aprender sozinho a linguagem de programação PHP. (O conceito para as reuniões surgiu do hábito de Brier de tomar café da manhã com as pessoas com as quais queria manter contato.) O *blog* de Brier e sua rede de milhares de pessoas criativas se juntando para tomar café ganhou, merecidamente, muito respeito. Esse respeito, por sua vez, alimenta uma marca valiosa chamada Noah Brier.

---

[16] Revista norte-americana que aborda tópicos como inovação, *design*, responsabilidade social, entre outros. Na internet, <http://www.fastcompany.com> (N. do R.T.).

Ele conta que as pessoas geralmente perguntam se ganhou algum dinheiro com seu *blog* ou com a Likemind nesses anos. Não ganhou. Dinheiro não é o objetivo. No entanto, ele atribui muitas de suas conquistas e conexões a esses projetos. Durante um café, Brier completou essa cadeia: conheceu Piers Fawkes, o analista de tendências por trás da PSFK.com, e, por meio de seu *blog*, os dois começaram a Likemind, o que levou à sua contratação pela Naked Communications; conheceu sua namorada enquanto trabalhava na Naked; por meio do Likemind, conheceu Benjamin Palmer, cofundador e CEO do Barbarian Group, onde agora Brier é estrategista-líder.

Claramente, a carreira de Brier foi alimentada pelos muitos projetos que criou e que conseguem unir as pessoas, mostrar suas habilidades e construir respeito. As iniciativas de autopromoção e sem custo de produção de Brier foram — e continuam sendo — os catalisadores de sua carreira.

Quando Brier refletiu na interconexão de tudo isso, compartilhou o que vê como um grande problema no mundo da mídia. "As pessoas não entendem que a 'monetarização' não acontece diretamente", ele explicou. "Mas se você convida as pessoas para uma visita e elas descobrem que gostam da experiência, outras oportunidades surgirão." Brier acredita de verdade que as pessoas só podem visitá-lo — e respeitá-lo — se você se apresentar de forma autêntica.

Uma boa estratégia de autopromoção deve começar com interesses intrínsecos que podem se transformar em projetos pessoais — projetos que demonstram seus pontos fortes. Quando seu ponto forte aparece, as pessoas começarão a respeitá-lo por algo que é real — algo que é merecido.

Para os *designers*, fotógrafos e outros profissionais criativos visuais do mundo, os portfólios servem como um motor para ganhar respeito. A capacidade de juntar e apresentar suas realizações anteriores visualmente é um suporte "não diga, mostre", algo muito mais eficiente do que ter uma lista de clientes ou distribuir um currículo. Mas o portfólio se torna um meio ainda mais poderoso de se apresentar quando o trabalho dentro dele não está confinado a um *site* pessoal ou a um portfólio tradicional. Utilitários de rede mais modernos como o Vimeo, o YouTube, o Flickr e nossa própria Behance Network, todos esses meios agora servem como uma forma de transmitir seu trabalho criativo para outros *sites* e outras pessoas que quiserem seguir seu trabalho.

O conceito de acumular um grupo de "seguidores" – no Twitter, Facebook ou em alguma comunidade *on-line* exclusiva – é algo que cheguei a chamar de "automarketing baseado no respeito". As pessoas escolheram segui-lo e a seu trabalho porque respeitam você ou algo que você fez. Depois que decidem segui-lo, acabam convidando-o a enviar informações ou atualizações. A mesma postura deve ser feita offline. Deveríamos mostrar nossos pontos fortes para acumular respeito e seguidores.

Enquanto você desenvolve e lança sua campanha de automarketing baseada em respeito, considere os seguintes passos:

Identifique seus atributos diferenciadores. O automarketing deveria começar com a identificação dos pontos fortes que o diferenciam dos outros. Você é um *designer* que possui uma base única em ciência da computação ou algum outro campo não relacionado? Passou algum tempo em outros países ou desenvolveu certas habilidades enquanto trabalhava com um cliente bem conhecido? Faça uma lista de seus atributos diferenciadores sem julgar como eles poderiam ser percebidos. Lembre-se de que características únicas podem ser vistas como pontos fortes ou fracos dependendo de como são comunicadas.

Desenvolva uma estratégia de comunicação. Depois que você identificou seus atributos diferenciadores, vai querer identificar as razões pelas quais eles podem servir como pontos fortes. Como a sua base em ciência da computação o ajuda como *designer*? Como o tempo que você passou em outros países poderia ser útil em seu trabalho? Por que você acha que sua idade – ou qualquer outro atributo – é uma vantagem em seu campo? Seja introspectivo e defenda a perspectiva única que pode apresentar a todo projeto e problema.

Execute sua estratégia de comunicação. Agora que tem sua lista de atributos diferenciadores – e o enredo de como elas servem como pontos fortes – você deve encontrar formas de compartilhá-la com outros. Pode querer começar um *blog* ou uma conta de Twitter na qual compartilha suas reflexões e ideias. *Posts* sinceros sobre projetos nos quais está trabalhando, artigos que lê ou ideias que têm – e como seus pontos fortes desempenham um papel em tudo isso – vão conquistar os outros. As pessoas vão respeitar, provavelmente, os esforços que você faz e as decisões que toma quando entendem a fonte de seus pontos fortes e ambições. Enquanto estiver trabalhando, pode considerar ser voluntário em projetos paralelos ou internos que se tornarão uma vitrina para seus pontos fortes e fazer uso pleno de seus atributos diferenciadores.

Para Brier, isso envolveu uma série contínua de cafés da manhã e alguns rápidos projetos paralelos que compartilharam sua perspectiva e seu talento com o mundo. Para outros, pode envolver a criação de um *site* dinâmico, fazer trabalho *pro bono*[17] para uma organização sem fins lucrativos ou artigos como *freelancer* para jornais locais.

Depois que você montou sua estratégia para apresentar as muitas partes de sua marca e de suas ideias, precisará adequar sua abordagem para alguns grupos de formadores de opinião. Afinal, todo o mundo tem interesses e sensibilidades.

---

[17] Expressão latina que significa "para o bem público" (N. do R.T.).

ENCONTRE SUA PRÓPRIA FREQUÊNCIA, DEPOIS SINTONIZE PARA ENGAJAR OS OUTROS

COMO APRENDEMOS, é improvável que as ideias aconteçam sem a participação dos outros: parceiros, clientes potenciais, críticos, imprensa, parceiros de *marketing* – a lista é longa. A única coisa certa sobre esses variados eleitores é que são totalmente distintos. Todos possuem necessidades, preferências e inseguranças diferentes. Clientes focam uma coisa, enquanto os críticos, a imprensa e seus parceiros criadores focam outras. Um desafio surge quando criadores apaixonados tentam se conectar por meio de todo o espectro. Sua capacidade de se ligar com cada eleitorado vai determinar o impulso que você vai dar às suas ideias.

Considere por um momento, as velhas rádios FM dos carros, com seus pequenos botões para sintonizar em estações que vão de um espectro de 88.0 a 107.9. Cada estação possui sua própria frequência, e, enquanto você dirige, vai passando por diferentes frequências para encontrar a música que gosta.

Agora, pense em sua estação de rádio favorita. Independentemente de qual for, ela tem uma frequência exata que você pode sintonizar para ouvir. Se sua estação é 106.7, você tem pouca ou nenhuma recepção para essa estação em 106.3 ou 106.9 e, talvez, uma recepção com um pouco de estática em 106.6 ou 106.8. Não é preciso dizer que você vai achar que toda inexatidão é ruim. A estática interfere na audição e na conexão com a música e a mensagem.

A "teoria da frequência" sugere que todos emitimos nossa própria e única frequência no dia a dia. Uma mente criativa embriagada pelos méritos de uma ideia em especial emite um conjunto mais forte, mas mais estreito de sinais. Da mesma forma, somos receptivos a uma faixa menor do espectro quando nossas mentes estão focadas em ideias especiais. Mentes criativas brilhantes se tornam um único ponto no espectro — 102.3 ou 98.5 — e, a menos que você esteja exatamente ali com elas, é improvável que se conectem. Nossa frequência determina a quais outras pessoas nós somos mais receptivos e interligados. Quando tentamos nos conectar com pessoas em outras frequências, devemos ajustar nossa comunicação, o modo como apresentamos nossas ideias e as envolvemos.

Pense em quantas pessoas você conhece e com quem trabalha. Há algumas pessoas, talvez sejam seus melhores amigos e associados, com quem você é bastante receptivo e sente uma conexão inerente. Pode até se conectar com essas pessoas de uma forma não verbal. E, depois, há outras com quem compartilha uma conexão mais difícil. Consegue se conectar, mas há alguma estática — algo que limita o grau de compreensão mútua. Finalmente, há aqueles com quem você não sente nenhuma conexão — ela simplesmente não existe. Talvez você atribua essa falta de conexão a valores diferentes ou a não terem nada em comum.

Não surpreende que prefiramos gravitar ao redor de pessoas com interesses parecidos, que compreendam e apreciem nossas ideias. Estamos simplesmente mais conectados com algumas pessoas do que com outras, e ficar em nossa própria frequência é confortável. Temos muita gente nos elogiando e nos confortamos com os valores e as motivações compartilhadas. No entanto, ao fazer isso tão exclusivamente, perdemos a força total que nossa comunidade tem a oferecer. É só por meio da conexão por todo o espectro que vamos encontrar uma audiência diversificada e um mercado sustentável.

Uma das melhores atitudes que você pode ter por suas ideias é desenvolver a capacidade para se alinhar com as perspectivas de outros — e ajudá-los a se alinhar com as suas. A interação, seja com um indivíduo ou uma audiência, pode ser maximizada ao compreender com quem você está falando. O que os anima? Com o que estão preocupados? Só sintetizar essa informação ajudará a aprofundar a relação com as pessoas ao seu redor.

Mas o que significa sintonizar-se assim? Será que esse comportamento estilo camaleão envolve comprometer seus princípios? Claro que não. Ao contrário, líderes que mudam de frequência parecem estar mais em contato com seus verdadeiros egos. São impulsionados por convicções profundas em vez de por algum personagem que exige tremenda energia para ser mantido.

Conectar-se com as pessoas de todos os tipos exige que fiquemos conectados às necessidades e crenças de quem está ao nosso redor. Isso se torna mais desafiador quando nos perdemos em nossas próprias realizações criativas. Não há dúvidas de que a mente criativa possui tendências narcisísticas. Apesar de útil no desenvolvimento de ideias que desafiam o *status quo*, essas tendências também limitam nossa capacidade de nos conectar com os outros.

Você deve criar uma experiência com a qual sua audiência possa se relacionar, mas uma que definitivamente apresente suas ideias e suas intenções sinceras.

Você pode se alinhar com os outros sem comprometer sua autenticidade ou valores ao focar os benefícios mútuos da conexão. O que sua audiência precisa e o que você está esperando conseguir? Esse conhecimento o ajuda a articular suas motivações e interesses reais de uma forma que será receptiva para sua audiência em particular. A receptividade leva à participação – e, no fim, ao respeito e à colaboração. Os maiores líderes criativos, que ganham amplo apoio a suas ideias, entendem essa teoria da frequência. Eles reconhecem que todos nós operamos em vários pontos ao longo de um espectro de receptividade – e que todos nós temos algo a dar e ganhar. Os seus esforços para nos incluir em suas buscas são tanto estratégicos como sinceros.

PLANTE SUAS IDEIAS FORA DE SUA COMUNIDADE

CONVERSAMOS MUITO SOBRE os benefícios da colaboração e da troca de *feedback* com os outros em sua equipe e dentro de sua comunidade. Mas simplesmente ter o apoio de uma comunidade de pessoas com ideias parecidas não é suficiente. Na verdade, uma comunidade alimentada com apenas uma fonte de todo o espectro de frequência pode ser muito prejudicial. Sem algum grau de apelo às massas, a maioria das ideias vai falhar.

Há um fato infeliz sobre o mundo da inovação: a maioria dos novos produtos fracassa, a maioria das novas empresas e restaurantes fecha suas portas nos primeiros dois anos e a maioria das novas campanhas publicitárias não alcança seus objetivos. Em seu livro *Crossing the chasm*, o especialista em marketing Geoffrey Moore explora a grande distância entre os adotantes iniciais[18] de um produto novo e os "pragmáticos" – aqueles que na maioria das vezes são mais céticos e evitam riscos.

A raiz do problema é a tendência do visionário de focar o que os primeiros compradores com mente aberta valorizam. Frequentemente, pessoas criativas fazem coisas para outras pessoas criativas. Isso é bastante aparente na área publicitária, na qual há muitos exemplos de campanhas de vanguarda, ganhadoras de prêmios, que acabam não conseguindo cumprir com os objetivos dos clientes. Afinal, os juízes dos prêmios não são os consumidores-padrão de classe média, em vez disso são outros profissionais de criação. As pessoas em um ponto isolado no espectro da frequência serão especialmente receptivas naquela área – e isso é um ponto fraco na hora de avaliar ideias. Algumas empresas que procuram campanhas de publicidade eficientes evitam trabalhar com empresas ganhadoras de prêmios e favorecem as agências mais focadas

---

[18] Entusiastas ávidos para serem os primeiros a aderir a um novo produto ou tecnologia. (N. do R.T.).

comercialmente (e talvez menos imaginativas) que terão menos chances de perder o contato com as massas.

Quando você concebe novas ideias e as executa, deve assumir que uma visão pragmática sirva de base às suas expectativas, a seus gostos e às suas percepções. Não fique confinado somente a um ponto confortável dentro do espectro quando procura compartilhar suas ideias e conseguir *feedback*. Os profissionais e as equipes de criação mais produtivas do mundo encontraram estratégias para cruzar o abismo.

Uma prática importante é usar a diversidade em todo processo criativo. Incluir alguns conselheiros ou membros da equipe cínicos e avessos a riscos ajudará a criar uma química valiosa no processo criativo, algo que pode reduzir a "embriaguez de ideias". Você precisa trabalhar com pessoas que fazem as perguntas difíceis e práticas que são frustrantes – mas importantes – quando está tentando avançar com suas ideias.

Conheci outras pessoas pelo caminho que usam a política de "perguntar para a mamãe". Não quero sugerir que sua mãe não é importante, mas conversar com uma audiência distante ou desconectada pode ser uma forma revigorante de avaliar o poder de sua ideia. A pessoa média vê o mesmo que você? A pessoa média pode entender o valor da proposta que você está oferecendo com sua nova ideia?

Outra boa prática é preservar uma semana de ceticismo entre uma ideia e a decisão de agir. Com uma pausa entre a concepção da ideia e a ação, a energia do processo criativo ou vai morrer ou avançar. Claro, se você ataca uma ideia com tudo imediatamente, pode capturar a energia que, de outra forma, desapareceria com sua maturação. Mas, em tais casos, equipes criativas geralmente trabalham sobre ideias mal concebidas que podem levar a resultados fracos. Em vez disso, crie um espaço sagrado para uma ideia superar o teste do tempo. Depois de uma semana, você pode perceber que sua ideia não tem pernas. Tal percepção economizará muita energia e ajudará seus outros projetos a conseguirem a atenção que merecem.

RECONHEÇA QUANDO VOCÊ NÃO É MAIS O ÚNICO NO *SHOW*

ENQUANTO PROCURA INCLUIR outras pessoas em seus empreendimentos, você vai precisar superar o modo-padrão de autoconfiança que é tão comum entre as pessoas criativas. Muitos empreendedores e outras pessoas criativas lembram-se com saudades de uma infância na qual, entre irmãos dominadores ou outros desafios familiares, eles se divertiam muito sozinhos, trabalhando em projetos criativos em isolamento. Essa autoconfiança pode ter ajudado sua criatividade, mas tornou-se um obstáculo quando chegou a hora de crescer, incluir parceiros e montar uma equipe.

Pessoas diligentes são geralmente bem-sucedidas fazendo tudo sozinhos. No entanto, quando forçadas a crescer e deixar de trabalhar sozinhas, muitas pessoas criativas lutam para conseguir dar o salto para uma colaboração bem-sucedida.

A transição entre realizar suas próprias ideias e trabalhar com uma equipe criativa pode ser dolorosa. As habilidades necessárias para liderar a si mesmo (principalmente a autoconfiança) são bem diferentes das habilidades exigidas para liderar os outros. Antes o melhor candidato para toda tarefa, você pode se tornar uma vítima de seus próprios talentos quando é forçado a delegar, compartilhar propriedades e "deixar as coisas acontecerem".

O primeiro sintoma da incapacidade de crescer é quando você se encontra fazendo coisas que podem ser feitas por outros (apesar de que, admitamos, não tão bem quanto você). Sim, é sempre ideal quando o *designer*-chefe, o fundador da empresa ou o arquiteto com seu nome na porta do escritório pode lidar diretamente com qualquer solicitação. No entanto, ao assumir tal tarefa, o líder não está fazendo as coisas que só ele pode fazer. Líderes de qualquer empreendimento criativo deveriam focar primeiro as coisas que *só eles* podem fazer — coisas que simplesmente não podem ser delegadas a outros.

Como fundador ou iniciador de um trabalho criativo, você pode se encontrar agindo e pensando como o único dono apesar da presença de sua equipe. Mas, se você fracassar em compartilhar a propriedade, tampouco vai conseguir que as pessoas ao seu redor se importem. Isso não tem nada a ver com dinheiro; tem a ver com a mentalidade. Ter somente uma pessoa acordada à noite pensando em como resolver um problema ou capitalizar uma oportunidade em especial não é suficiente. Você precisa engajar sua equipe como coproprietários compartilhando crédito, responsabilidade e recompensas financeiras.

Outro problema comum encarado por antigos líderes solitários é o desejo de que sua equipe termine o trabalho em vez de aprender a fazê-lo melhor. Lembre-se, no entanto, que as pessoas que trabalham para você estão provavelmente interessadas em mais do que somente dinheiro; querem se tornar especialistas. Além de ser o líder, você precisa ser um professor. Você precisa encontrar oportunidades para incluir membros de sua equipe em todos os seus interesses, mesmo se estiver além do escopo da função deles.

Nenhum grande projeto criativo pode crescer (ou sobreviver) com a energia de uma só pessoa. Você deve evoluir com o escopo de suas ideias criativas a fim de realizá-las.

PARTE 3

Capacidade de liderança

Agora já cobrimos a mecânica de organização e execução bem como o papel importante que a comunidade desempenha para transformar as ideias em realidade. Mas, no fim, a qualidade e escalabilidade de seus empreendimentos criativos baseiam-se em sua capacidade de liderança. Suas ideias vão avançar somente se conseguir gerenciá-las como líder em vez de visionário criativo independente.

Há um grande vazio de liderança no mundo criativo. Projetos criativos descarrilam e equipes se esfacelam o tempo todo como resultado de incentivos mal alinhados, desorganização e gerenciamento inconsistente. Claro, muitos dos obstáculos que surgem quando devemos liderar uma equipe vêm de nossas tendências naturais. Não compartilhar poder com os outros porque não queremos comprometer a qualidade (ou o controle) de nossas ideias. Temos dificuldade para incluir as pessoas corretas e julgar ponderadamente em meio à ansiedade e emoção que encaramos quando desafiamos o *status quo*. Quando fracassamos, com frequência perdemos a preciosa oportunidade de aproveitar as lições e evoluir em nossa capacidade.

O desenvolvimento da liderança vem com a experiência. Por meio de tentativa e erro, bons e maus tempos, nós gradualmente nos tornamos líderes melhores — mas só se conseguirmos ser autoconscientes o suficiente para perceber quando e por que fracassamos. Nessa seção do livro, apresento as melhores práticas de grandes líderes criativos como pontos de referência para sua própria jornada pessoal. Enquanto a capacidade de liderança só é aumentada por meio da experiência crua, devemos sempre questionar nossas pressuposições e comparar vários métodos e convicções com os nossos.

Vamos começar examinando o sistema de compensações que governam as realizações criativas. Visão de longo prazo não é suficiente. Se encontrarmos formas para nos manter motivados, seremos capazes de motivar os outros — como evidenciado por uma grande quantidade de empreendedores e líderes conhecidos, como Ji Lee, diretor de criação do Google. Vamos então discutir a química única de realizações criativas e como líderes, entre eles Diego Rodriguez, sócio sênior na consultoria de *design* Ideo, constroem e mantêm equipes produtivas. E, finalmente, depois de muita discussão sobre como lideramos outras pessoas, vamos mudar nosso foco. Afinal, alguns dos maiores obstáculos que enfrentamos na liderança estão ocultos dentro de nós. A fortaleza para aprender com nossas experiências e assumir riscos é resultado de uma percepção muito particular de autoconsciência. Quando procuramos liderar outras pessoas de forma bem eficiente, devemos antes nos tornar líderes eficientes de nós mesmos.

A REVISÃO DAS RECOMPENSAS

Todos temos visões do futuro e a maioria de nós argumentaria que nossos esforços diários estão todos a serviço de uma apaixonada busca a longo prazo. Mas, na realidade, a forma como gastamos nossa energia está muito influenciada pelo sistema de recompensas de curto prazo que permeia nossas vidas. Para a maioria, as ideias que capturamos, o conhecimento que escolhemos dominar e as tarefas que completamos estão muito influenciadas pelas exigências das pessoas ao nosso redor – bem como por nossa própria sede por gratificação rápida.

O filósofo alemão Friedrich Nietzsche já disse que você deve "se transformar em quem você é". É o mesmo com os visionários criativos e a capacidade de transformar as ideias em realidade. O impulso de perseguir objetivos criativos a longo prazo vai contra a natureza do confortável fluxo de recompensas de curto prazo que servem para nos sustentar e manter o *status quo*. Para fazer as nossas ideias se tornarem realidade – sempre –, devemos encontrar formas de superar nossas tendências básicas e motivações míopes.

CURTO-CIRCUITO NO SISTEMA DE RECOMPENSAS

DESDE CRIANÇA, nossa educação formal nos condiciona a um sistema de recompensas de curto prazo que impede nossa capacidade de transformar ideias em realidade. Estudamos para provas na escola com a esperança de conseguir um A. Uma boa nota ganharia o respeito de nossos professores e a aprovação de nossos pais. Depois que a prova com boa nota é devolvida, não há quase nenhum incentivo para rever as respostas erradas. Afinal, um novo tema já começou e outra prova — com outra nota — é iminente. A estratégia que estabelecemos é, com certeza, gastar nossa energia estudando somente o que sabemos que cairá na prova — com o objetivo de curto prazo de conseguir uma nota melhor.

Quando começamos a trabalhar, as boas notas se tornam o salário, o reconhecimento e o potencial aumento de salário ou bônus. Quando recebemos um projeto com objetivo e recompensa claros, é fácil economizar nossa energia. O sistema de recompensas nos locais de trabalho tradicionais nos mantém nos trilhos, em linha com os prazos da direção. Se aderimos a ele, o sistema de recompensas profundamente enraizado em nossas vidas adultas provavelmente nos manterá empregados e seguros dentro do *status quo*.

No entanto, essas tendências se tornam destrutivas assim que começamos a buscar objetivos a longo prazo ou tentar algo extraordinário. Reunir a energia para tentar realizar ideias ousadas e improváveis — e construir um sistema de recompensas incrementais para que isso seja possível — é uma tarefa bastante desafiadora. Independentemente de quão espetacular sejam nossas ideias, recompensas de curto prazo — nosso desejo de manter o emprego, conseguir reconhecimento ou aumento de salário — estão constantemente nos perturbando, competindo por nossa atenção e nos incitando a canalizar nossas energias para outro lugar.

Como humanos, somos motivados pela novidade. É o que faz o estágio de lua de mel de qualquer nova ideia a parte fácil. Quando nossa visão está fresca e nova, com muita boa vontade evitamos outras responsabilidades e nos comprometemos a contemplar profundamente a nova ideia. Mas, quando a execução aparece no horizonte — e a dura realidade do que é materializar uma ideia surge —, a novidade acaba e nosso compromisso com a visão de longo prazo diminui rapidamente. Sem qualquer recompensa adicional para nos manter nos trilhos, começamos a questionar nosso progresso e o potencial para o sucesso.

Para liderar com sucesso sua equipe (e a si mesmo) por meio de projetos criativos ousados, você deve encontrar formas de reestruturar sua dependência dos sistemas de recompensa tradicionais. Em vez de lutar por suas inclinações naturais, deve dar um curto-circuito em seu foco para o curto prazo. Para realizar isso, você deve manter dois conceitos concorrentes em sua cabeça ao mesmo tempo:

Desligue-se do sistema de recompensas tradicional. Quando você afasta seu foco das recompensas de curto prazo, deve estar disposto a viver sem o que é "sucesso" aos olhos dos outros. Deve assumir um conjunto diferente de valores que pode até parecer desconfortável para você e temerário ou insensato para os outros. Alguns empreendedores que conheci afirmam que ganham confiança quando investidores tradicionais duvidam de suas ideias. Tais dúvidas aumentam a confiança de que estão, realmente, inovando em vez de simplesmente replicando algo comum.

Apesar de ser psicológica e financeiramente difícil afastar-se da corrida em direção às recompensas convencionais depois de uma vida inteira trabalhando com um tipo de mentalidade, fazer isso é imperativo para ter sucesso a longo prazo. De outra forma, você vai ter dificuldade para sustentar seus projetos de longo prazo a partir do desejo de ser validado no curto prazo.

Construa um sistema de recompensas graduais para ficar engajado. Apesar de ser legal acreditar que é possível ficar motivado para seguir contra a corrente baseando-se apenas na força de vontade, vai ser necessário um impulso extra. Para conseguir o esforço necessário exigido para realizar conquistas espetaculares, você deve se iludir para ficar animado. Se não conseguir superar completamente suas obsessões com recompensas de curto prazo, deve usar isso como uma vantagem ao estabelecer uma série organizada de premiações de curto prazo — o equivalente psicológico de notas, salários e afirmações. Pode ser recompensando o valor das lições aprendidas, a construção de jogos em seu processo criativo ou receber presentes quando se alcançam certos marcos, autopremiar-se pode fazer uma grande diferença. Um empreendedor que entrevistei citou o crescente número de resultados de uma busca no Google para o nome de sua empresa como um prêmio diário que ele via como encorajamento de curto prazo. Você deve ser criativo no desenvolvimento de um conjunto de recompensas incrementais que representam o progresso em projetos de longo prazo.

Não é possível ignorar ou fugir completamente do sistema de recompensas de curto prazo que está profundamente enraizado dentro de você. Mas é possível ficar consciente do que realmente o motiva e depois modificar seus incentivos para sustentar esses projetos de longo prazo. Vamos examinar algumas formas de criar alternativas de compensação nas próximas seções.

A felicidade é sua própria recompensa. Se você usa a internet e usa sapatos, é provável que já tenha ouvido falar na Zappos. A Zappos foi fundada no auge da bolha pontocom e cresceu até se tornar a maior loja de sapatos on-line. A empresa coloca uma ênfase quase fanática no serviço. Seu sucesso é atribuído principalmente à sua cultura corporativa, uma faceta da empresa que a faz estar constantemente no topo da lista de "Melhores empresas para se trabalhar" da *Fortune*.

"Powered by service" é o lema da Zappos, e, quando visitei os escritórios da empresa em Las Vegas, Nevada, meu guia na visita deixou o compromisso muito claro. "Nosso produto é o serviço ao cliente", ele afirmou. "Somos uma empresa de serviços que por acaso vende sapatos. Nosso próximo produto poderia ser qualquer coisa... talvez até viagens de avião."

Para uma empresa que coloca o serviço ao consumidor no centro de sua missão, o compromisso e a satisfação de seus funcionários é extremamente importante – e a moral dos colaboradores na Zappos é lendária. Fiquei espantado pela demonstração do espírito da empresa enquanto o guia me levava pelos cavernosos corredores do escritório. Todo departamento me cumprimentava de uma forma diferente. A equipe de sapatos infantis mexeu seus pompons. O departamento de roupas tocou sinos. A "treinadora" da empresa, Vik, tirou uma foto minha usando uma coroa e colocou-a na parede VIP – reservada para todos que vêm visitar a Zappos – porque, ela explicou, "em uma empresa que tem tudo a ver com serviço, todo o mundo é VIP".

O CEO da Zappos, Tony Hsieh, também funciona como o adido cultural da empresa, com um fluxo constante de palestras, *posts* no *blog* e comentários no Twitter. Hsieh acredita realmente no valor da felicidade como a espinha dorsal de uma empresa baseada em serviços. A felicidade, parece, pode até servir como uma forma alternativa de compensação.

Não é comum a Zappos perder funcionários. Se as pessoas saem, é provável que ganhem para isso. A Zappos dá uma boa compensação para qualquer contratado que queira sair antes do fim do período de treinamento. Parte da razão disso é que, se você não está feliz por trabalhar na Zappos, é provável que isso se reflita no serviço que fornece aos clientes.

O mesmo princípio guia os programas de treinamento da empresa, os de premiação por reconhecimento interno e outros benefícios; todas as iniciativas são criadas para aumentar a felicidade – não o efêmero sentido de felicidade vindo de um jogo de pingue-pongue no meio do dia, mas uma satisfação profunda criada pela certeza de que há progresso em sua vida e que você está sendo reconhecido em suas conquistas.

O que está visivelmente ausente na Zappos é um plano de compensação sobre o lucro ou uma estrutura de bônus para os funcionários. Apesar de a maioria das empresas empreendedoras tentar aumentar a sensação de propriedade compartilhada entre os colaboradores por meio de planos de ações preferenciais e intricados planos de incentivo, Hsieh acredita que a resposta está na criação de uma cultura sustentável.

> A maioria das empresas acha que a principal motivação para os funcionários é o pagamento. Mas se você pergunta a nossos colaboradores, acho que ele fica em quarto ou quinto lugar, e acima dele estão coisas relacionadas com cultura ou seu gerente ou a vocação e a crença na missão ou visão da empresa... Essa é uma das vantagens que ganhamos ao sair do vale do Silício onde a mentalidade é muito: 'Vou trabalhar por quatro anos e depois me aposentar milionário...' Acho que o que temos aqui são pessoas que realmente acreditam em nossa visão de longo prazo e que também sentem-se como se isso não fosse só um emprego... No fim do dia, tem tudo a ver com o que estamos tentando maximizar para os funcionários, e [na Zappos] estamos tentando maximizar a felicidade ao contrário dos dólares.

Na Zappos, a felicidade serve como uma forma de compensação sem limites ou custos tangíveis. Não é só um valor central da cultura, mas libera recursos financeiros que podem ser usados de outras formas – talvez para diminuir os preços para os clientes ou fornecer entrega em 24 horas grátis. A felicidade é a moeda mais valiosa da empresa.

Quando você faz suas ideias avançarem, deveria usar recompensas alternativas que o manterão – junto com sua equipe – ligados aos seus projetos de longo prazo. Os métodos tradicionais para reconhecer o progresso – recompensas financeiras e celebridade entre elas – dificilmente estarão disponíveis para você nos primeiros estágios desses projetos. Enfatizar a felicidade muda os tipos de objetivos que você persegue bem como a forma como contrata e gerencia pessoas.

A RECOMPENSA MOTIVACIONAL DE JOGAR

QUANDO A REVISTA *Portfolio* da Condé Nast publicou a edição "Wall Street is dead" no fim de 2008, os editores de fotografia tiveram de enfrentar um grande desafio: a capa. Todo jornal e toda revista do mundo estavam falando sobre os problemas na economia, a fraude desenfreada e a imprudência em Wall Street. O poço de ideias para apresentar visualmente a economia estava secando. Precisando de uma nova perspectiva, a equipe editorial se voltou para Ji Lee.

Ji Lee é um erudito nos projetos criativos. Como diretor de criação do Creative Lab do Google, ele cuidava de produtos como o Google Maps, o *browser* Chrome e o Goollery, um *site* que coleciona e mostra alguns dos projetos mais criativos inspirados no Google feitos por pessoas em todo o mundo. Além de seu trabalho diário, o prolífico Lee também completou dezenas de projetos pessoais que se espalham pelos mundos da arte-guerrilha, ilustração e campanhas publicitárias – todas criações contagiantes que unem consumidores e transeuntes.

Talvez a mais famosa criação de Lee seja o Projeto Balão, que colocou adesivos brancos, no formato de balões de pensamento, sobre as publicidades nas ruas de Nova York. Como Lee explica: "Deixamos os balões em branco, convidando os transeuntes a preenchê-los. O projeto transformou instantaneamente os monólogos invasivos e chatos das corporações em um diálogo público". Lançado em 2002, o projeto rapidamente se espalhou pelo mundo quando outros "arrasadores de publicidade" adotaram o método brincalhão de Lee para provocar a guerrilha de comentários. Jornalistas e blogueiros notaram o projeto que acabou virando livro.

Um projeto mais recente de Lee é o Projeto de Preservação dos Logos WTC, uma tentativa de capturar fotos de cartazes e produtos de Nova York que ainda mostram o conjunto de prédios no horizonte da cidade em sua encarnação pré onze de setembro. Como seu projeto anterior, o do WTC se desenvolveu como uma colaboração aberta na qual participantes navegam pelas ruas de Nova York com um desafio permanente de encontrar e capturar algum logo esquecido de uma era anterior.

Quanto à capa da Condé Nast para a edição "Wall Street is dead", Lee imaginou a morte da escultura de touro (a *Charging Bull*), no coração de Wall Street, feita por Arturo Di Modica. Sua inspiração se tornou uma fotografia adulterada do touro caído, morto no meio do caos da atividade de Nova York.

Lee é um gerador de ideias especialmente prolífico que as executa de forma consistente e com resultados excepcionais. Como a maioria das mentes criativas, Lee possui muitas ideias, mas, quando se fala em execução, ele é incrivelmente certeiro. O segredo fundamental de Lee para permanecer leal a projetos tanto dentro como fora do Google é incorporar "um elemento de prazer". Para o Projeto Balão, a experiência foi mantida viva por meio de relacionamentos divertidos com a mídia tradicional, que ficou encantada com o anonimato mascarado de Lee. Com o empreendimento dos logos do WTC, o projeto se tornou um jogo em que Lee tentava encontrar pelo menos um logo com o antigo horizonte de Nova York por dia. "Jogos", explica Lee, "mantêm as coisas simples e as pessoas interessadas".

Apesar de jogar ser útil para se manter motivado, também é uma ferramenta crucial para líderes. Tanto no Google como com os estudantes da School of Visual Arts, onde ele dá aula, Lee usa jogos para facilitar o aprendizado, a criatividade e a motivação. Um jogo que usa com os estudantes e colegas todo o dia envolve uma troca constante de *links* via e-mail − pequenas descobertas que ampliam a mente de várias formas. O jogo é a busca constante do *link* mais inteligente e mais surpreendente. O processo é, ao mesmo tempo, divertido e reflexivo. "É realmente divertido, mas ao mesmo tempo é bastante importante porque acho que isso quebra a rotina do fluxo de trabalho deles e leva seus cérebros a coisas totalmente diferentes. É assim que a criatividade trabalha normalmente".

Para ficar conectado, Lee defende um equilíbrio total nos tipos de projeto em que participa. "Viver em apenas um dos dois extremos do espectro − gastar sua energia exclusivamente em projetos pessoais ou em projetos profissionais − vai deixá-lo pobre ou exausto", ele explica. Em vez disso, Lee está sempre trabalhando em múltiplos projetos ao mesmo tempo − até quatro projetos no trabalho e seis pessoais. Desde o princípio, Lee procura elementos de prazer e, depois, torna-os o centro do projeto geral. O meio que usa, os títulos que seleciona e as outras pessoas que envolve, tudo isso joga com elementos de prazer que mantêm o projeto andando.

Quando você lidera projetos criativos, deve encontrar formas de incorporar elementos de prazer que mantenham você e sua equipe motivados e engajados. Todo esforço criativo possui um platô de projeto no qual o impulso inicial é geralmente perdido.

Assim como Hsieh usa a felicidade como uma forma de unificar, Lee encontra e amplia o prazer e os componentes de jogo em cada projeto como um mecanismo de recompensas a curto prazo. Ao colocar valor no jogo e na diversão, Lee é capaz de conceber ideias de forma consistente e permanecer nelas tempo suficiente para realizá-las. O desejo humano inato por diversão é uma força poderosa que você deveria usar para aumentar o compromisso e o progresso.

A RECOMPENSA DO RECONHECIMENTO

EM UM CAMPO QUE é bastante notório por acumular propriedade e crédito para ideias no topo da organização, Joshua Prince-Ramus, presidente da REX, é um arquiteto com algo completamente diferente em mente. Depois da estreia do primeiro projeto em grande escala de sua empresa, o Dee and Charles Wyly Theatre, em Dallas, as pessoas foram até lá esperando um importante anúncio que colocaria Prince-Ramus em foco como o arquiteto do momento. Em vez disso, ele subiu ao palco com um tipo diferente de mensagem: "Nós, não eu".

Continuou dizendo: "O desenho de gênio é um mito. A arquitetura é feita por uma equipe de pessoas comprometidas que trabalham juntas... O sucesso normalmente tem mais a ver com determinação muda do que com genialidade". E não estava falando por falar. Quando um dos clientes da empresa imprimiu uma brochura que atribuía o crédito do edifício feito pela REX a Prince-Ramus, ele exigiu que ela fosse reimpressa com uma lista alfabética dos arquitetos que se envolveram com o projeto.

A postura orientada ao coletivo de Prince-Ramus contrasta muito com a do típico executivo que gosta de levar os créditos. Anos antes, tive a ocasião de conhecer o chefe de marketing de uma *start-up* que estava começando a ter sucesso. Thomas – vamos chamá-lo assim —, tinha ajudado a liderar vários novos negócios e lidado com uma boa parcela de presidentes egocêntricos. "É bastante previsível", ele explicou. "Quando as ideias são ótimas, o CEO fica muito orgulhoso. Quando as coisas acabam mal, torna-se um jogo de empurrar a culpa". Aí sua postura ficou mais dura e ele aprofundou sua declaração: "Temos um ótimo CEO. Um cara realmente criativo. Mas ele adora seu sucesso e só reconhece realmente o papel de nossa equipe quando se trata de algo que deu muito errado".

A história de Thomas ilustra o que acontece em um ambiente mais verticalizado e tradicional em que os que estão no topo ficam com todo o crédito. O reconhecimento pela realização de projetos bem-sucedidos é mais poderoso quando é distribuído. Como vemos com Prince-Ramus e muitos dos líderes que entrevistei, sucesso é mais do que uma recompensa pessoal para os líderes; é uma moeda valiosa que pode ser distribuída entre a equipe. A única conta bancária que o crédito compartilhado reduz é a do ego do líder.

Reconhecimento é uma recompensa poderosa que, com pouco ou muito dinheiro, pode ajudar a ampliar a participação daqueles que desempenham um papel na transformação de suas ideias em realidade.

A QUÍMICA DA EQUIPE CRIATIVA

Assumir a responsabilidade pela química de sua equipe pode ser tão eficiente quanto remodelar recompensas para incentivar seus projetos criativos. Você é o mantenedor da química em cada projeto que lidera, começando com quem e como contrata. Enquanto cultiva um ambiente de trabalho produtivo, você deve manter o equilíbrio entre a flexibilidade e as expectativas, a geração de ideias e a execução, desacordos úteis e consensos. A química de sua equipe é um reflexo de sua capacidade de criar um equilíbrio harmonioso e fazer pequenas mudanças constantes a fim de transformar suas ideias em realidade.

Durante minha visita ao CEO da Zappos, Tony Hsieh, ficou claro que se encaixar na cultura e ter compromisso de servir aos clientes para um funcionário potencial são tão importantes quanto as habilidades técnicas exigidas para o emprego. Para demonstrar esse valor central, Hsieh conta a história de uma contratação técnica importante – um alto executivo – que a empresa recrutou e trouxe de Los Angeles para a sede da Zappos em Las Vegas. Ao chegar para resolver alguns desafios tecnológicos críticos para a empresa, o novo contratado deixou claro que não estava interessado em dar suporte direto ao cliente. A empresa o demitiu, perdendo bastante dinheiro no processo. O motivo? Zappos considera o interesse em suporte ao cliente uma expectativa básica, um elemento destacado do DNA da empresa.

Ao compor uma equipe criativa de alto desempenho, você precisará olhar além das habilidades técnicas e desenvolver uma fórmula que vai transformar as ideias em realizações incríveis.

INCLUA INICIADORES EM SUAS REALIZAÇÕES CRIATIVAS

Montar uma equipe de pessoas entusiasmadas e talentosas é um dos maiores desafios para líderes. Um currículo dá pouca indicação do verdadeiro temperamento do candidato. Em vez de focar exclusivamente em uma experiência individual, gerentes verdadeiramente eficientes avaliam a capacidade de um possível funcionário em tomar iniciativas.

As pessoas que se dedicam às coisas que as interessam, até mesmo prematuramente, fortalecem equipes produtivas. Uma grande quantidade de energia e resistência é exigida para transformar as ideias em realidade. Como sabemos agora, simplesmente estar interessado em novas ideias não é suficiente. As pessoas que tomam iniciativa de uma forma consistente possuem tenacidade e um grau saudável de impaciência com a inatividade.

Não é surpreendente que o melhor indicador de iniciativa futura seja a iniciativa passada. Por exemplo, considere um candidato a entrar em sua equipe que liderou um clube de astronomia na faculdade e depois ajudou a fundar uma organização não governamental (ONG) que apresenta a astronomia para jovens da periferia. Independentemente de seu projeto não ter nada a ver com astronomia, esse candidato terá, provavelmente, iniciativa se você conseguir conquistar o interesse dele por seu projeto. Chamo essas pessoas de "iniciadores" baseando-me na tendência que têm de se ligar a um interesse e depois avançar sempre.

Antes, falamos de Jon Ellenthal, o presidente da Walker Digital, a incrível empresa de pesquisa e desenvolvimento em propriedade intelectual por trás do Priceline.com e várias outras invenções patenteadas bem-sucedidas. Ellenthal e sua equipe se orgulham de contratar iniciadores em vez de superestrelas. "Sempre tento contratar pessoas com um alto nível de motivação intrínseca", explica Ellenthal. "Não quero passar meu tempo tentando conseguir pessoas para fazer algo. As ideias nunca se tornam realidade a menos que todos façam sua parte." Mais do que outra coisa, Ellenthal luta para descobrir iniciadores. "Lembro-me dos dias em que eu dava valor exagerado ao currículo", ele fala. "[Mas agora] troco experiência por iniciativa e o desejo de fazer coisas sem pestanejar."

Quando for montar equipes para projetos criativos, investigue os candidatos por seus verdadeiros interesses — quaisquer que sejam — e depois investigue até que ponto o candidato perseguiu esses interesses. Peça exemplos específicos e procure entender os lapsos de tempo entre interesse e ação. Quando você encontrar um iniciador — alguém que possui paixão, gera ideias e tende a agir —, reconheça sua sorte. Nada vai ajudar mais suas ideias do que uma equipe de pessoas que possuem iniciativa verdadeira.

CULTIVE CONJUNTOS DE HABILIDADES COMPLEMENTARES

Assim como você deve formar uma equipe de iniciadores, também deveria elaborar uma fórmula de conhecimentos complementares. Diego Rodriguez, sócio sênior na Ideo, a consultoria de *design* discutida anteriormente, cita o T — onde a longa linha horizontal no topo da letra representa a largura da experiência do indivíduo, enquanto a vertical representa a profundidade de sua experiência em uma área em especial. "Na Ideo, procuramos contratar e montar equipes de pessoas T", Rodriguez me explicou. Sua expectativa é que cada pessoa em uma equipe deveria ter tanto uma boa amplitude de habilidades que possa apoiar a colaboração e a boa química, além de um profundo conhecimento em uma única área, como *design* gráfico, negócios ou engenharia elétrica. "Os benefícios de ter pessoas T em uma equipe é que todos são capazes de se relacionar ultrapassando fronteiras enquanto também cobrem profundamente uma área em especial."

Rodriguez atribui muito do sucesso da Ideo a uma cultura de respeito mútuo e desejo de ser extraordinário. O conceito T permite que as equipes pratiquem uma verdadeira meritocracia no processo de gerar ideias. O uso que a Ideo faz de protótipos rápidos é bem mais eficiente quando as pessoas compartilham conhecimento suficiente e valor pela cultura que podem considerar seriamente soluções de seus pares com diferente especialização.

É improvável que a Ideo tenha alguma compreensão maior de eletrônica do que a Hewlett-Packard (HP) ou de assuntos bancários do que o Bank of America (dois clientes da Ideo). O conhecimento dentro da empresa provavelmente existe dentro das empresas de seus clientes também. É a química dentro de equipes na Ideo que faz toda a diferença.

Quando a questão é fluxo de trabalho e como as equipes são lideradas, a química da empresa é uma vantagem competitiva. Com contratações cuidadosas e compreensão compartilhada, as várias equipes de projetos na Ideo estão livres dos confrontos que são bastante típicos em outras equipes. Ideias podem ser trabalhadas sem nenhum impedimento causado por incompreensões e palhaçadas egocêntricas que outras equipes multidisciplinares devem encarar diariamente.

TENHA FLEXIBILIDADE PARA TER PRODUTIVIDADE

QUANDO VOCÊ DESENVOLVE algumas normas e expectativas para o fluxo de trabalho de sua equipe, tente elevar a produtividade verdadeira acima da aparência de trabalho pesado. Gerentes medem, instintivamente, a ética do trabalho com um olho no relógio. Medir o trabalho pelo tempo gasto é sedutor porque é fácil e objetivo. Mas fazer isso desafia as realidades do fluxo de trabalho criativo e acabarão trazendo problemas ao moral.

Na realidade, transformar ideias em realidade é algo que acontece em arranques.

A pressão de ser obrigado a se sentar em sua mesa até certa hora cria uma cultura de fábrica que ignora algumas leis básicas de geração de ideias e natureza humana: (1) quando o cérebro está cansado, não funciona bem; (2) geração de ideias acontece em seus próprios termos; e (3) quando você se sente forçado a trabalhar além de sua capacidade, começa a odiar o que está fazendo.

Em vez de focar o tempo em que estão face a face, equipes criativas deveriam abraçar a transparência e lutar para construir uma confiança fundamental entre colegas. Como líderes, devemos criar regras e normas pelo bem da eficiência em vez de serem o resultado da desconfiança. Deveríamos medir resultados tangíveis como ações tomadas e a qualidade dos resultados.

Algumas empresas se afastaram completamente da mentalidade tradicional que diz que "traseiro na cadeira" é igual a produtividade. Best Buy, International Business Machines (IBM), Sun Microsystems e outras grandes empresas implementaram programas como o ROWE (results only work environment – ambiente de trabalho apenas por resultados), que mede o desempenho pelo resultado pela *presença*. Em um ambiente ROWE, os funcionários são compensados baseando-se em suas conquistas de objetivos específicos em vez de o número de horas trabalhadas. O objetivo final é dar poder às pessoas para que tomem suas próprias decisões sobre quando e onde trabalham desde que os objetivos concordados entre todos sejam realizados. Isso significa que os chefes param de vigiar as agendas de seus subordinados e de prestar atenção a quando as pessoas chegam e saem do escritório.

Em um estudo da Gallup Inc., a produtividade nos departamentos da Best Buy que adotaram o programa ROWE aumentou uma média de 35%, junto a um crescimento marcado na satisfação do funcionário. Isso mostra que as pessoas progridem quando seu julgamento e sua autonomia são respeitados.

Flexibilidade no local de trabalho pode ser um problema – apesar de ajudar a melhorar a química da equipe, também exige certo grau de química para começar. Deve existir um nível compartilhado de confiança e compromisso para garantir que essa autonomia seja usada para os melhores objetivos. O mais importante, funcionar bem em um ambiente autônomo, exige que um conjunto concreto de objetivos seja estabelecido e constantemente revisado. O ROWE e outras tentativas de gerenciamento fracassam totalmente quando os objetivos não foram discutidos e aceitos por todos e gerenciados muito de perto. Muitos gerentes têm dificuldade para estabelecer e rever sempre objetivos com suas equipes. E, quando uma equipe não consegue cumprir os objetivos, os gerentes devem enfrentar isso.

Se você hesita em apoiar a flexibilidade em sua equipe, deveria tentar achar a causa disso. Talvez esteja questionando o compromisso de sua equipe com os projetos. Ou talvez as metas – ou os resultados – não sejam muito específicas. Quando os líderes não têm confiança na preparação e no compromisso de sua equipe, eles compensam com maior controle. Em vez disso, você deveria examinar a raiz da questão. Se você questiona a dedicação de sua equipe, dê uma olhada melhor na química. Os incentivos são compatíveis? Existem dúvidas não expressas no plano? Cada membro da equipe se sente desafiado e plenamente equipado para dar o melhor de si? Muitas equipes criativas pequenas e *start-ups* também sofrem com objetivos pouco claros. Uma solução popular é organizar "reuniões rápidas" de dez minutos para revisar os marcos e prazos atuais, além do progresso. Outra prática é ter uma lista das metas mais importantes na parede, visível para todos. Só com uma rápida olhada na parede já é possível focar novamente toda a equipe em cima das prioridades.

Líderes admirados de projetos criativos são capazes de fornecer flexibilidade para suas equipes só por manter um olho na química da equipe e garantir que as prioridades estejam claras para todos. E quando você sente a necessidade de questionar e controlar procura a raiz da questão. Geralmente, sua própria insegurança como líder pode impedi-lo de dar a autonomia que sua equipe precisa para crescer.

ESTIMULE UM SISTEMA IMUNOLÓGICO QUE MATE AS IDEIAS

Uma forte química em uma equipe não somente dá suporte ao desenvolvimento de novas ideias, mas também ajuda a nos livrar das ruins. Em nossos corpos, o sistema imunológico joga o papel crucial de matar os vírus e bactérias daninhas. Sem nosso sistema imunológico, nossos órgãos falhariam por causa da constante invasão de novos agentes nocivos. Da mesma forma, nossos projetos atuais enfrentam graves riscos quando surgem novas ideias durante seu progresso. Nossa capacidade de eliminar novas ideias é crítica para a produtividade e para nossa capacidade de trabalhar em escala nos projetos existentes. Na formação de uma equipe, os céticos — aqueles que sempre questionam as ideias antes de se apaixonar por elas — são as células brancas do sangue. Os céticos nos ajudam a funcionar e a nos manter no caminho.

Mesmo que nossa tendência natural seja não contratar, incluir ou dar poder a pessoas com inclinação para encontrar buracos em nossas ideias, elas são, na verdade, essenciais para um ambiente criativo produtivo. Como Michael Crooke, presidente e CEO da empresa de roupas de esporte Patagonia, afirmou orgulhoso: "As pessoas mais próximas a mim são sempre negativas".

Quando você cultiva o sistema imunológico da equipe, vai querer diferenciar os céticos dos cínicos. Cínicos se aferram a suas dúvidas e são geralmente incapazes de se afastar de suas convicções. Por contraste, céticos estão dispostos a abraçar algo novo – são somente cautelosos e críticos no começo. Apesar de ser frequentemente desvalorizados, os céticos são um componente essencial de uma equipe saudável e os líderes deveriam cultivar seu respeito e influência.

Claro, haverá momentos em que você vai querer suprimir o sistema imunológico e ajudar a equipe a trabalhar com ideias de uma forma aberta e limpa – sem ceticismo. Em tais ocasiões, os membros céticos da equipe deveriam conhecer seu papel e montar seu *feedback* de acordo.

O grande desafio é equilibrar a geração de ideias e o foco. É certo que você não quer se comportar como uma grande empresa que afasta toda a criatividade do ponto de produção, mas também não quer agir como uma *start-up* inexperiente que está sempre gerando novas ideias e recursos que saturam o projeto, e que acabam atrapalhando sua execução. Encontrar o equilíbrio correto exige alocar tempo para uma troca aberta de ideias junto com um nível saudável de intolerância para com a geração de ideias durante a execução. Uma postura é ter a tendência a considerar ideias durante as sessões de *brainstorm* e matá-las quando elas surgem aleatoriamente durante um processo de execução. Seus céticos residentes podem ajudar nessa frente. Claro, grandes ideias ainda podem surgir inesperadamente, mas quando isso acontece elas deveriam ficar focadas no projeto que está à mão. Com essa postura, somente as mais fortes – aquelas que valem uma consideração mais profunda – poderão tirá-lo do caminho já traçado.

LUTE PARA CONSEGUIR GRANDES AVANÇOS

CONFLITO É UMA OCORRÊNCIA comum em qualquer processo criativo. É um bom sinal, uma oportunidade poderosa para refinar ideias e processos. Apesar da frustração que a fricção causa, ela servirá no longo prazo se você for capaz de administrá-la. Os líderes de grandes equipes criativas valorizam a fricção que surge quando as opiniões variam dentro de um grupo apaixonado de mentes criativas. Se uma boa química foi cultivada, as equipes podem usar os desacordos para aumentar as visões de valor que, de outra forma, seriam inacessíveis.

Apesar das oportunidades que o conflito fornece, nossa tendência é querer fugir dele. Acabamos desligando completamente quando um processo criativo começa a ficar mais quente.

O conflito acontece facilmente. Para qualquer problema, há múltiplas soluções possíveis – algumas melhores do que outras. Em uma equipe diversificada, haverá muitas opiniões diferentes. Geralmente, a pessoa com mais poder ou experiência é quem inicia. Ou às vezes alguém discorda abertamente, mas acaba retrocedendo quando a briga começa. O conflito é um subproduto de pontos de vista diferentes, mas não podemos deixar que se torne uma fonte de apatia.

Brigar é algo desconfortável, mas considere os benefícios de expor abertamente perspectivas diferentes. Imagine que a resposta para um problema está em algum lugar em um espectro entre A e B. Quanto mais argumentos surgem entre os dois lados do espectro, é mais provável que novas possibilidades sejam adequadamente exploradas. Por contraste, se os que defendem A simplesmente desistirem, então B torna-se a resposta-padrão sem que nenhuma solução melhor tenha sido descoberta entre elas.

A alternativa às discordâncias saudáveis é a apatia, um estado tóxico da mente que somente encoraja a inércia. É muito importante que você combata ativamente a tendência de alguns membros da equipe de abandonar o diálogo quando as faíscas começam a voar — mesmo se isso significar puxar colegas de lado e encorajá-los a continuar. Quanto mais indivíduos envolvidos quando a equipe busca ativamente uma solução, melhor.

A resposta para qualquer problema geralmente encontra-se em uma terra desconhecida. Se os membros de sua equipe possuem a coragem de defender suas perspectivas enquanto consideram respeitosamente as dos outros, então o avanço acabará acontecendo. O papel do líder é manter as pessoas dentro do debate e combater a apatia sem perdão.

Como o líder de uma equipe criativa, tente aumentar o debate saudável entre pessoas com diferentes níveis de influência e experiência. Uma prática útil é conseguir que todos primeiro compartilhem as soluções propostas ou ideias, antes que possam reagir a elas. As pessoas mais novas vão primeiro, seguidas por propostas alternativas de membros mais experientes da equipe. Depois, quando as pessoas compartilham suas opiniões, garanta que todos os membros da equipe continuem interessados durante toda a troca. Quando você percebe dificuldades ou impaciência, confronte isso com uma pergunta sobre o processo — algo na linha de: "Como podemos manter todas as opções sobre a mesa?" ou "Como estamos todos tentando encontrar a melhor solução, por que estamos ficando impacientes uns com os outros?".

Algumas das equipes criativas mais admiradas compartilham uma característica comum — sentem-se confortáveis discutindo seus desacordos e pontos de vistas diferentes, mas sempre compartilham convicções depois da reunião. Essas equipes reconhecem que o objetivo do desacordo é explorar completamente as opções. Brigar, no fim, é algo bom para as equipes que conseguem aguentar o tranco. Mas a animosidade é relaxada quando o exercício termina. Sua equipe provavelmente conseguirá grandes avanços se a química for suficientemente forte para capitalizar o conflito.

NÃO SE SINTA PRESSIONADO PARA OBTER CONSENSO

QUANDO DEBATEMOS SOLUÇÕES até concordarmos, devemos também ter claro que não podemos nos submeter à pressão pelo consenso. O desafio final em projetos colaborativos é compreender como tirar o melhor resultado de tudo sem estabelecer o menor denominador comum. O consenso pode geralmente levar a um resultado medíocre.

Para realmente se distinguir como líder criativo, você deve ser capaz de incorporar um amplo espectro de ideias da equipe e de outros componentes de um projeto ao mesmo tempo em que preserva a missão central.

Durante sua carreira, Tom Hennes, fundador da Thinc Design (mencionada anteriormente), colaborou com um grupo eclético de clientes e parceiros em projetos desafiadores, incluindo o Aquário Steinhart da Califórnia, o Freedom Park em Pretória, África do Sul, e o Museu e Memorial ao 11 de setembro, em Nova York. Cada um desses projetos incríveis foi financiado e gerenciado por vários patrocinadores — o governo, instituições educacionais, ONGs, doadores, historiadores e o público em geral —, cada um com sua própria agenda.

Agir como conselheiro e planejador no Freedom Park da África do Sul foi um dos projetos mais desafiadores para a Thinc. Como é tanto um memorial como um museu, o Freedom Park é um patrimônio nacional dedicado a contar as histórias daqueles que perderam suas vidas na luta pela liberdade na África do Sul.

O projeto foi desenvolvido ao redor da identidade de toda uma nação e muitos, muitos pontos de vista diferentes tiveram de ser considerados.

"Mais de vinte grupos de interesse tinham pontos de vista diferentes", conta Hennes. "O governo, os historiadores, os grupos religiosos e muitas facções do público em geral... cada uma precisava ser ouvida e compreendida. Ouvimos as histórias, as lutas e ouvimos atentamente suas ansiedades". No final, Hennes e a equipe da Thinc passaram quase dois anos ouvindo.

Enquanto Hennes descrevia sua postura diante do projeto, imaginei as reuniões a que ele deve ter comparecido durante todo o processo. Planejar um monumento para lembrar uma luta trágica, o progresso de uma nação e injustiças que se arrastaram por muito tempo é ainda mais complicado quando todo o mundo começa a dar suas opiniões fortes e sempre emotivas. "Nosso trabalho como *designers*", explicou Hennes, "é ouvir o que as pessoas estão falando e depois usar nossas habilidades para produzir".

Quando trabalha com um número grande de investidores, Hennes acredita que sua tarefa é ouvir as histórias, juntar o conhecimento sobre todos os pontos de vista e depois identificar o que ele chama de "extremos", o que vai diferenciar o projeto. De todas as ideias que sua equipe cria, tenta encontrar alguns poucos extremos críticos que precisa manter e depois tenta chegar a um acordo com o resto. Os extremos são as ideias que ele sente que mais vão destacar o resultado. Enquanto suporta a inevitável bateria de críticas e pedidos para alterações em seu plano para o projeto, ele mantém esses extremos intocáveis.

Apesar de a maioria das pessoas sentir que incorporar dois pontos de vista (ou características) completamente diferentes em um projeto levaria a uma decisão "ou isso/ou aquilo" que dispensa um dos extremos, Hennes acredita que o consenso pode ser geralmente alcançado com uma postura "e/e".

Um exemplo que Hennes cita é sua colaboração com o consagrado arquiteto Renzo Piano no projeto para o Aquário Steinhart para a Academia de Ciências da Califórnia. Logo no começo, Hennes e Piano entraram em conflito – os dois queriam conseguir fins aparentemente contraditórios. Enquanto Hennes visualizava o aquário como um lugar exploratório dinâmico, cheio de cantos e refúgios, Piano via um espaço retilíneo com linhas de visão abertas e uma arquitetura limpa. A solução e/e foi o que Hennes descreve como "uma série de aspectos loucos que combinam bem com uma arquitetura limpa e linear". Foi um problema difícil de resolver no princípio, mas no fim a Thinc chegou a uma solução que preservou os extremos e satisfez a todos os interessados.

Equipes não deveriam lutar para conseguir o consenso no começo de um projeto. Afinal, equipes dirigidas pelo consenso correm o risco de chegar a acordos que não ofendem a ninguém, mas tampouco satisfazem a todos. O consenso inicial e completo é confortável, mas quase sempre medíocre. Líderes de equipes criativas deveriam identificar e sublinhar as soluções notáveis e memoráveis nos dois lados do espectro que, muito provavelmente, não são agradáveis para todos. Durante o curso das discussões, eles deveriam tentar identificar esses poucos extremos pelos quais vale a pena lutar, no meio de todos os outros compromissos inevitáveis, quando se relacionam com outros componentes. Esses *extremos sagrados* são as ideias que você quer manter entre todos os outros compromissos a que vai precisar se submeter.

Às vezes alguém com um conhecimento especial deveria ter o poder de garantir os extremos sagrados e tomar a decisão apesar das incertezas na equipe. Devemos estar abertos a tentar algo novo, especialmente quando alguém que respeitamos defende isso. Na Behance, damos poder aos chefes de departamento para tomar as decisões em suas áreas. Por exemplo, apesar de todos terem o poder para questionar uma decisão de *design*, nosso chefe de *design* é quem toma a decisão. Enquanto debatemos a solução, o chefe de *design* geralmente aceita fazer concessões em alguns detalhes, mas insiste sempre em qualquer elemento que considera realmente importante (e, portanto, sagrado). Ele vai advogar em favor desses extremos sagrados mostrando por que são cruciais.

Quando a questão é tomar uma decisão, deveríamos ouvir todos os constituintes sem sentir o peso para chegar ao consenso completo. No fim, devemos preservar os extremos e procurar uma base comum sobre o resto. De outra forma, arriscamos criações medíocres.

Em muitas equipes criativas, especialmente no mundo das agências de criação, observei uma estratégia de "contribuições de muitos, decisões de poucos". Líderes incorporam amplamente opiniões, depois tomam as decisões em pequenos grupos. A noção de uma autonomia criativa não pode mais bloquear as opiniões das massas. Escolha um processo que inclua todos, enquanto preserva os extremos que tornam uma ideia extraordinária.

COMO GERENCIAR A EQUIPE CRIATIVA

Liderança é a arte de conseguir que alguém faça algo
que você quer porque ele quer fazê-lo.

PRESIDENTE DA DWIGHT D. EISENHOWER

TODAS AS JORNADAS CRIATIVAS começam com uma faísca na mente de
uma pessoa. Desde o primeiro dia, o desafio é fazer os outros enten-
derem e apoiarem a ideia como se fosse deles. Mas liderança não
tem a ver com obrigar as pessoas a trabalharem. Liderança tem a ver
com incitar um desejo verdadeiro nos corações e mentes dos outros
para tornarem-se donos de seu trabalho em um projeto. Somente
então podemos agir, motivados por propósitos compartilhados.

A boa liderança no mundo criativo é muito rara. É comum
que mentes criativas fujam de suas equipes, e o atrito seja um desafio comum. E, quando pessoas criativas realmente saem, raramente é por um salário maior. São comuns as reclamações das
pessoas criativas que sentem que suas ideias são subutilizadas (ou
ignoradas), assim como histórias de líderes que gerenciam minú-
cias e exigem que tudo seja feito da forma deles.

Em todas as áreas, encontrei muitas coisas em comum entre líderes criativos que são capazes de motivar de forma consistente uma equipe até suas ideias se tornarem realidade. Esses líderes admirados são capazes de compartilhar a propriedade de suas ideias e funcionar no meio da adversidade, além de identificar e desenvolver membros da equipe com grande potencial. Por meio de sua própria experiência gerenciando ou sendo gerenciado, você deve desenvolver sua capacidade de gerenciar uma equipe criativa durante o longo e desafiador caminho até transformar suas ideias em realidade.

COMPARTILHE A PROPRIEDADE DE SUAS IDEIAS

Quanto mais pessoas ficarem acordadas na cama pensando em sua ideia, melhor. Mas as pessoas só ficam obcecadas com ideias quando sentem que também são proprietárias. Dito isso, compartilhar propriedade é mais fácil falar do que fazer. É frequente que líderes criativos tenham dificuldade em abrir mão do controle de suas ideias e em permitir de verdade que seus funcionários, sócios e outros colaboradores sintam-se coproprietários.

O autor e editor-chefe da *Wired*, Chris Anderson, mencionado antes, é um forte defensor do compartilhamento da propriedade de ideias. Na verdade, Anderson avalia o valor de uma ideia pelo entusiasmo que gera ou não em outras pessoas.

"Quando tenho ideias na revista, não digo: 'Você, você e você, façam isso'", ele explica. "O que faço é dizer: 'Aqui está a ideia. Quem está interessado?'. E, sabe, articulo isso o melhor possível, evangelizo, luto para que se entusiasmem, tento vender a ideia da melhor forma e logo as pessoas começam a dizer 'Cara, era exatamente o que eu estava pensando!' ou elas acabam balbuciando 'Hãhã...' – nesses casos eu desisto e não levo adiante nada."

Fazer as pessoas se animarem com uma ideia, no entanto, é somente a primeira fase do compartilhamento de propriedade. A segunda e muito mais desafiadora parte é dar poder aos membros da equipe para melhorar a ideia em vez de microgerenciá-la a cada passo.

No fim, o verdadeiro compartilhamento de ideias significa permitir que os membros de sua equipe, as pessoas a quem você confiou o destino do projeto, tomem decisões significativas — até decisões que você poderia ter tomado de forma diferente. Os melhores líderes criativos são capazes de reconhecer que o custo da variação de sua visão original é geralmente superado pelos benefícios do compartilhamento de propriedade e a escalabilidade que ela fornece. Você precisa que seus colaboradores fiquem a noite toda acordados pensando em como executar as ideias nas quais estão trabalhando — de sua própria maneira.

Um líder criativo maduro que entende o que é a propriedade compartilhada de ideias é Peter Rojas. Ele era diretor editorial do blog de tecnologia Gizmodo, mas saiu para fundar o Engadget, site de tecnologia extremamente popular, e se tornou o *chief strategic officer*[19] da Weblogs, Inc. Em 2007, fundou a RCRD LBL, um selo de música e *blog* on-line que começou a ter lucros depois de apenas catorze meses de existência.

Durante nossa conversa, Rojas expressou sua postura sobre o compartilhamento de propriedade de uma forma bem pragmática: "Líderes tendem a querer colocar suas mãos em tudo — mas não é produtivo [fazer isso]... O Engadget nunca teria funcionado apropriadamente se eu quisesse mexer em tudo... Minha postura é contratar pessoas em que confio e deixar que façam sua parte. E, se não confio nelas, contrato outra pessoa."

Confiar no julgamento de alguém não significa que tudo será feito da maneira que você faria. Pessoas diferentes tomarão decisões diferentes. A questão é como Rojas apontou: essa postura alternativa faz uma diferença material? Desde que o resultado

---

[19] A principal autoridade em estratégia em grandes empresas (N. do R.T.).

desejado seja conquistado, controlar como ele é alcançado não deveria ser tão importante para você.

O problema, especialmente entre líderes apaixonados, é que sua visão – e sua obsessão com a perfeição (ou o controle) – geralmente permite que os microgerenciamentos tirem o melhor de si. Isso acontece pela melhor das razões: o processo e o produto importam muito.

O problema é complexo para muitos líderes na esfera artística – como em *designers* de moda, arquitetos e fotógrafos – porque seus nomes são geralmente parte do produto. Compreensivelmente, compartilhar propriedade pode ser ainda mais doloroso quando nome e reputação estão literalmente no produto.

No entanto, os benefícios de ter sua equipe sentindo-se dona coletivamente – acordando com o impulso de melhorar o produto e dormindo com a geração de novas ideias para fazer o produto melhorar – valerão a pena apesar dos custos de ter partes especiais do projeto feitas de uma forma diferente da que você teria feito.

LÍDERES DEVERIAM FALAR POR ÚLTIMO

JACK WELCH, o lendário ex-CEO da General Eletric (GE), era conhecido por entrar em uma sala cheia de seus principais assistentes – todos reunidos para resolver um problema – e afirmar: "Isso é o que eu acho que deveríamos fazer". Welch explicava sua visão e suas razões. Depois de compartilhar sua solução para o problema, ele falava: "Agora, o que vocês acham?" Não é surpreendente que Welch recebesse muito apoio e poucos desacordos ou ideias ousadas e novas. Quem discordava (e tinha coragem de fazer isso) podia apresentar algumas ideias alternativas, mas somente em um contexto de proximidade ao que Welch tinha proposto.

As boas intenções de Welch eram provavelmente sinceras. Ele era um executivo com muita experiência. No entanto, mesmo se tivesse a solução correta na mente, ainda assim não estava conseguindo incluir — e desenvolver — sua equipe. E talvez ele nem sempre tivesse a melhor resposta!

A tendência a falar primeiro é uma falha comum entre os líderes visionários. Depois de muitos anos em uma área, os líderes visionários se tornam reverenciados por outros e se convencem de que já viram tudo. Como resultado, ficam tentados a falar primeiro, agir rápido e a não conseguir incluir outras pessoas. Mentes criativas emergentes explicam, quase sempre, que sentem que suas ideias não são ouvidas, quando perguntados por que saem de agências, *start-ups* e de outras equipes criativas.

Quando ficamos apaixonados por nossas soluções, tendemos a compartilhá-las de forma animada. No entanto, quando nossa responsabilidade é incluir a criatividade de nossos colegas, devemos praticar a autorrestrição. O objetivo de uma equipe criativa é gerar, refinar e executar ideias. Se você não consegue incorporar as contribuições de cada membro da equipe, então está na verdade perdendo valor.

O processo criativo também é um processo de participação. Permitir que membros novos ou menos experientes de sua equipe compartilhem suas ideias é como você pode desenvolver o raciocínio deles e trazê-los para dentro da equipe. Em vez de diminuir as suas ideias com suas brilhantes sacadas, fique em silêncio e agradeça a inclusão de visões frescas, mesmo que sejam inocentes. Desafie-se a fazer perguntas antes de declarações.

Quando você não está falando, deveria ouvir. Mesmo aqueles líderes que reconhecem o valor de falar por último às vezes não ouvem enquanto esperam para falar.

JULGUE E SEJA JULGADO NO MEIO DO CONFLITO

HÁ UM DITADO: "Você não sabe quem está nadando pelado até a maré baixar". Só quando as coisas dão errado é que somos capazes de ver o que realmente está acontecendo por baixo da superfície. Apesar de o conflito nunca ser algo agradável, como líderes devemos reconhecer que o conflito traz uma preciosa oportunidade para julgar a capacidade de liderança dos outros.

Líderes admirados usam o conflito de duas formas. A primeira é para avaliar a razão e a paciência de seus parceiros ou superiores. Assim que algo vai mal, eles observam e aprendem. Se você estiver em algum momento inseguro sobre a verdadeira química e potencial de uma equipe, use o conflito como uma oportunidade para medir. Se você está julgando a capacidade de liderança de seus superiores, parceiros ou clientes, o desempenho durante o conflito é revelador.

A segunda forma como os líderes usam o conflito é para construir confiança e ganhar o respeito da equipe. Um bom número de CEOs com muita experiência, diretores de criação e outros líderes que conheci atribuem grandes avanços em suas carreiras a uma crise que eles resolveram. Isso teve menos a ver com um acordo feito ou uma decisão tomada e mais com o processo de resolver conflitos. Eles encorajaram suas equipes a dar um passo para trás e recuperar a perspectiva, parar com o jogo de culpas e começar a fazer *brainstorms* de soluções. Quando suas equipes estavam cheias de dúvidas e incertezas, esses líderes aproveitaram a oportunidade para combater a apatia e avançar com a equipe para uma solução. Naturalmente, entre as ansiedades associadas com o conflito, as pessoas são mais impressionáveis quando algo dá errado. Líderes conscientes usam o conflito como uma oportunidade para alinhar e fortalecer suas equipes.

DESENVOLVA OS OUTROS POR MEIO DO PODER DA APRECIAÇÃO

No OUTONO DE 2005, fui dirigindo do aeroporto até uma pequena cidade para participar de um *workshop* organizado pelo renomado contador de histórias Jay O'Callahan. Um de meus mentores no Goldman Sachs, Steffen Landauer, tinha recomendado que eu aprendesse a contar uma história direito. "Liderança", Steffen costumava falar, "é mais eficiente usando a arte de contar histórias".

Sem dúvida, Jay O'Callahan é um dos maiores contadores de história do mundo – um verdadeiro mestre em seu ofício. Um dos pontos altos do *workshop* foi ficar ali sentado e ouvi-lo. Com seu cabelo branco despenteado, uma estatura imponente e palavras cuidadosamente calculadas, Jay era realmente cativante. Não era só um grande contador de histórias, era também um professor atencioso e paciente.

Contar histórias é uma forma bastante sensível de expressão artística. As histórias que compartilhamos são geralmente bastante pessoais – tentativas de fazer sentido a partir de lembranças da infância e reconciliar nossa compreensão dos misteriosos caminhos da vida. Por essa razão, *feedback* sobre histórias devem ser tratados com muito cuidado. Isso foi especialmente importante para meu *workshop* na "Casa de Alice". Em um grupo de nove outros estudantes, eu era o único participante com menos de 70 anos. Enquanto eu tinha ido aprender a contar histórias como parte de meu próprio desenvolvimento profissional, rapidamente percebi que os outros participantes tinham ido por motivos diferentes. Estavam ali para aprender a contar histórias como uma forma de passar seus legados, como histórias, para suas famílias. Como você critica a história de vida de alguém? Apesar de todos os projetos criativos serem impulsionados pela paixão e pedirem um toque delicado quando a ideia é dar *feedback*, contar histórias está no extremo do espectro.

O'Callahan baseava-se nas ideias dos que estavam ouvindo enquanto ajudava contadores histórias com ou sem experiência a aprimorar sua técnica. Cada participante contava uma história e depois o grupo compartilhava o que O'Callahan se referiu como as "apreciações". A primeira história que contei aconteceu na faculdade, durante uma caminhada sob a luz da lua por meio de um cemitério com alguns amigos. Fiquei de pé enquanto contava o que considerava ser uma história misteriosa e animada sobre minha amizade com meus dois colegas. Tentei usar minhas mãos, porque O'Callahan tinha elogiado o movimento de mãos da pessoa que falou antes de mim. Também tentei falar bem claro e com sentenças completas, geralmente separadas por uma pausa grande – exatamente como ele tinha feito durante suas próprias histórias.

Quando terminei, O'Callahan aplaudia enquanto seu corpo se balançava para frente e para trás rindo. "Maravilhoso, muito bom", ele falou. Seu entusiasmo e apoio, junto com o do grupo, foi revigorante. Por um momento, pensei que tinha decodificado a técnica de contar histórias. Aí me lembrei de que era um amador e fiquei com vontade de ouvir algum *feedback*. Tinha falado suficientemente claro? A história era muito confusa? Talvez alguma parte da história precisasse ser cortada?

Fiquei grato pela resposta positiva do grupo, mas estava com vontade (e um pouco ansioso) de ouvir um *feedback* construtivo. Também me lembrei de que o *workshop* funcionava com uma postura não muito tradicional de compartilhar *feedback*. Especificamente, *feedback* construtivo não era permitido. Em vez de me preparar para os ataques de comentários críticos, eu teria de refinar minha história ouvindo as "apreciações" do grupo.

As "apreciações" fazem parte da técnica que O'Callahan e outros contadores de histórias usam para melhorar as habilidades dos estudantes sem qualquer consequência desmoralizante. É uma forma única de desenvolver seus pontos fortes. Aqui está o conceito por trás das apreciações: ao contar sua história (ou, em outros contextos, uma apresentação ou ideia), você pede às pessoas para comentarem sobre os elementos que eles mais apreciaram.

Em meu caso, muitas pessoas apreciaram o ritmo em que contei a história. Também recebi muitos comentários inesperados sobre as descrições que tinha feito dos personagens. Depois de ouvir os aspectos da história que as pessoas mais apreciaram, senti quais pontos fortes deveria enfatizar ainda mais em futuras histórias.

A troca de apreciações tem o objetivo de ajudar a construir seus pontos fortes, com a suposição oculta de que uma técnica criativa é transformada em algo extraordinário por meio do desenvolvimento de seus pontos fortes em vez de ficar obcecado com seus pontos fracos. E percebi que acontece uma recalibragem quando você elogia os pontos fortes de alguém: suas fraquezas são diminuídas quando seus pontos fortes são enfatizados. Quando meus compatriotas contadores de histórias repetiam pela segunda ou terceira vez suas falas, os pontos fracos murchavam naturalmente porque as partes mais bonitas ficavam mais fortes.

"É estranho que, em nossa cultura, somos treinados para procurar fraquezas", O'Callahan me explicou. "Quando trabalho com as pessoas, elas geralmente ficam surpresas quando eu aponto os detalhes cruciais maravilhosos — as partes que são vivazes". O'Callahan continuou e sugeriu que "se nossos olhos estão sempre procurando os problemas, começamos a perder a intuição de notar a beleza".

Claro, a visão de alguém contra essa postura é que *feedback* e críticas mais diretos poderiam ajudar a ir direto ao ponto. O argumento de O'Callahan é que *feedback* baseado em apreciações nos ajuda a ter acesso a uma criatividade mais profunda:

> As pessoas precisam relaxar para ser capazes de descobrir. Nosso inconsciente não nos ajuda a ver coisas quando somos muito lógicos e focados na crítica. Às vezes alguém pode dizer: "Só quero saber como melhorar, não o que é bom". As pessoas acham que destacar falhas é a única forma de melhorar. Apreciações não têm a ver com ser educado. Têm a ver com apontar o que é vivo. O recipiente deve saber receber e incorporar.

A capacidade de reconhecer e compartilhar apreciações pode, na verdade, ser mais difícil do que oferecer críticas construtivas. A humanidade é crítica por natureza. É mais fácil ouvir uma nota errada em uma sinfonia do que identificar a nota tocada perfeitamente que faz toda a diferença. Como O'Callahan explica: "Todo mundo acha que pode dizer o que é bom. Mas, não, demora anos para ser capaz de dizer: 'Aquela frase é novidade, aquela imagem é adorável, lençóis na cama como montanhas cobertas de neve, adorável'. É difícil levar as pessoas a prestar atenção a essa habilidade."

Claro, a postura de O'Callahan para desenvolver o talento criativo por meio de apreciações se aplica a outras coisas além de contar histórias. Algumas equipes criativas incorporam elementos de apreciação no processo de revisão. Em uma empresa de *design* que visitei, uma peça de trabalho é colocada sobre a mesa em uma sala de reuniões e todo o mundo deve falar três coisas das quais gostou. O artista leva o *feedback* — todo positivo — e faz outra versão para a equipe rever. Quase sempre, a peça volta muito melhor. E as preocupações que alguns membros da equipe tinham — mas não falaram — são geralmente minimizadas naturalmente. A moral e a química geral da equipe se beneficiam dessa troca de encorajamento positivo e o artista desenvolve seus pontos fortes.

Crie uma ronda de refinamento baseado na apreciação com sua equipe antes de seu processo formal de crítica. Seus projetos e as habilidades de seus colegas, serão refinados mais organicamente ao fazer isso. Essa mudança no processo de *feedback* não só melhorará seus resultados, mas também enriquecerá a química da equipe.

PROCURE OS FOCOS CENTRAIS

A MAIORIA DAS EMPRESAS coloca muita ênfase na hierarquia, em quem é responsável por quem. Apesar de a ordem poder afetar os salários e cargos nos cartões de apresentação, é menos relevante do que você poderia esperar quando o importante é transformar ideias em realidade.

Uma empresa da lista *Fortune500* pediu a seus funcionários para participar de uma pesquisa sobre quem eles procuram quando precisam de ajuda. Fosse uma questão ligada à informática, às finanças ou sobre a história da empresa, os colaboradores deviam fornecer os nomes das pessoas que procuravam "em primeiro lugar".

Depois que os dados foram recolhidos, pesquisadores mapearam graficamente para ilustrar os fluxos de informação. Rapidamente ficou evidente que havia vários "nós" particularmente ativos de informação. Espalhados por toda a organização, um punhado de pessoas funcionava como os dominantes, aqueles em quem todos confiavam. Surpreendentemente, não havia correlação entre os nós e as pessoas de maior hierarquia por tempo de serviço ou experiência dentro da empresa.

Um executivo que olhou os dados afirmou como era assustador pensar que em um período de demissões a empresa poderia perder tão facilmente nós críticos de informações que nunca tinham sido plenamente valorizados ou levados em conta de maneira formal.

Os mais bem-sucedidos líderes de mudanças em organizações focam menos a hierarquia e mais quem tem as melhores informações. No fim, a qualidade da informação leva a decisões de qualidade. Se você é capaz de identificar os nós de informação em sua organização, será capaz de liderar com grande compreensão. Todos devemos parar de olhar para cima e olhar ao redor em busca das pessoas que parecem sempre saber as respostas.

Anos atrás, tive a oportunidade de passar algum tempo com Malcolm Gladwell enquanto ele conversava com pequenos grupos de clientes que tínhamos reunido na Goldman Sachs. Ele defendeu que a mudança nem sempre precisa demorar – que ela pode acontecer instantaneamente – e que o catalisador por trás da mudança imediata vem do que ele chamou de "poder social".

Gladwell explicou que o poder social é diferente do econômico e político. Não está correlacionado com *status* e demografia.

Em vez disso, as pessoas com poder social possuem a capacidade especial de se conectar com as massas. Elas tendem a sempre saber de tudo e ser respeitadas, mesmo que não seja necessariamente de uma forma hierárquica.

Minha amiga Erin Brannan, agora uma executiva de uma ONG, passou alguns anos no Peace Corps servindo na pequena ilha de São Vicente, perto de Barbados. Quando eu a visitei ali, fiquei espantado com o impacto que ela estava tendo na comunidade. Erin me explicou que ajudar a desenvolver escolas ou melhorar a saúde era ótimo, mas o impacto duradouro viria somente por meio da identificação e do treinamento de indivíduos que perpetuariam o bom trabalho nos anos seguintes. Durante a nossa conversa, criamos o termo pontos quentes (*hot spots*).

Pode ser na ilha de São Vicente ou dentro de uma grande organização, os pontos quentes são as pessoas com poder social. Elas são respeitadas dentro da comunidade sem passar pelo escrutínio que isola e no fim limita o potencial de líderes oficiais no topo da hierarquia.

Pontos quentes são fáceis de identificar se você pergunta às pessoas certas e olha nos lugares certos. Não procure quem tem mais crédito ou quem é mais conhecido. Em vez disso, pergunte às pessoas onde elas conseguem ajuda. Procure as pessoas em sua empresa ou área em que são conhecidas por sua confiabilidade e capacidade incomum de sempre saber (ou encontrar) a resposta. E, depois, quando identificar os pontos quentes, ouça-os e dê poder a eles. Dê mais influência e responsabilidade. Quando você lidera a mudança em seus empreendimentos criativos, deveria depender menos do poder formal e transformações de cima para baixo. Em vez disso, deveria procurar e engajar os pontos quentes para garantir um impacto duradouro.

AUTOLIDERANÇA

O MAIS DESAFIADOR é gerenciar a si mesmo.

"Autoliderança" não é um conceito no qual a maioria das pessoas pensa muito. Mas capacidade de liderança relaciona-se tanto com como nos lideramos como de que modo lideramos os outros. Algumas das maiores barreiras que enfrentamos pelo caminho para avançar com nossas ideias até a realização estão dentro de nós.

A maioria dos líderes criativos consegue traçar seus maiores obstáculos em algo pessoal – medo, insegurança ou limitação autoimposta. Quando consideramos batalhas anteriores que drenaram nossa energia – tal como uma parceria que fracassou ou uma equipe que gradualmente desertou sob nosso comando –, devemos nos desafiar a reconhecer nosso papel no fracasso. Nosso julgamento equivocado é geralmente a causa central.

Quando se lidera outras pessoas em projetos criativos, você mesmo é sua maior responsabilidade. Autoliderança tem a ver com consciência, tolerância e não deixar que suas tendências naturais limitem seu potencial.

ENCONTRE O CAMINHO DA AUTOCONSCIÊNCIA

UM TEMA RECORRENTE em toda minha pesquisa — e neste livro — foi a batalha contra nossas tendências naturais. As forças da organização, comunidade e capacidade de liderança geralmente nos escapam porque nossa tendência de gerar ideias constantemente, de nos isolar e assim por diante, entram no caminho. Mesmo com dicas e práticas de como gerar melhores ideias, organizar projetos, aumentar as forças comunitárias e liderar outras pessoas, ainda é fácil regredir.

Nossa maior esperança para permanecer no caminho correto é perceber quando nos afastamos e por que isso acontece — ser autoconscientes. A autoconsciência é uma habilidade crítica na liderança, mas é profundamente pessoal. Não tem a ver com nossas ações, mas com as emoções que desencadeiam nossas ações.

Já contamos sobre Ji Lee, o superprodutivo visionário à frente do Google Creative Lab e um cara com um longo histórico de agir de acordo com suas inspirações criativas. Quando falei com Lee, ele explicou o grande papel da emoção no trabalho criativo. "A sociedade nos ensina a suprimir as emoções", explica Lee. "Mas, para liderar de forma eficiente, é preciso entendê-las e aceitá-las".

A viagem pessoal de Lee, como a de muitos outros líderes no mundo criativo, incluiu um compromisso com o crescimento psicológico. Para Lee, isso significava terapia de grupo. Ele descreve a terapia de grupo como "viver no momento e realmente ouvir as outras pessoas". Na terapia de grupo, os membros desenvolvem um conjunto de relações que se parecem muito com o mundo real, mas dentro de um ambiente seguro. A ambientação permite a autodescoberta das emoções por trás de suas ações.

Se alguém diz algo que o incomoda, você é encorajado a expressar aquele sentimento. Declarações tipo: "O que você falou me deixa bravo", "Você está me incomodando" ou "Estou sentindo medo" não são incomuns. Expressar essas emoções mais básicas em um ambiente seguro serve como catalisador para compreender o que existe por baixo delas. As dicas recebidas da discussão em grupo são bastante fortalecedoras no mundo real, onde essas emoções são quase sempre suprimidas.

Lee e muitos outros líderes admirados no mundo criativo fizeram investimentos pessoais — pode ser por meio de terapia de grupo, grupos de aconselhamento pessoal, círculos ou outra coisa — para entender o impulso emocional para suas ações. O conceito de círculos, discutido antes, pode servir como uma fonte de autoconsciência se os membros estiverem dispostos a confiar um no outro e sentirem-se vulneráveis. Alguns outros líderes que conheci montaram "grupos de aconselhamento pessoal" para si — normalmente um grupo de três ou quatro pessoas com quem eles compartilham seus medos e solicitam *feedback*. O mecanismo pode variar, mas o importante é que você seja desafiado a ser mais introspectivo.

Com o aumento da autoconsciência, nos tornamos melhores estudantes de nós mesmos. Quando cometemos erros, somos capazes de identificar rapidamente o que poderíamos ter feito melhor. Quando recebemos *feedback* dos outros, é mais fácil agir já que entendemos suas correlações com nossas emoções. O caminho da autoconsciência nunca termina, mas precisamos atravessá-lo mesmo assim.

Líderes emergentes no mundo criativo se beneficiam de algum tipo de desenvolvimento psicológico em suas vidas. Se nos comprometemos cedo a desenvolver a autoconsciência também chegamos a melhores julgamentos. Em troca, bons julgamentos constroem relacionamentos duradouros e ótimas decisões — do tipo que acumula respeito e confiança necessários para liderar projetos ousados.

DESENVOLVA A TOLERÂNCIA À AMBIGUIDADE

COM MAIS AUTOCONSCIÊNCIA vem maior tolerância à incerteza. A paciência diante da ambiguidade nos ajuda a evitar decisões rudes impulsionadas por nossas emoções em vez de nossos intelectos. Devemos usar o tempo em nosso favor e evitar nossa tendência a agir muito rapidamente.

A líder de uma grande empresa de tecnologia me contou os desafios – e grandes acessos de ansiedade – que ela enfrentou quando um concorrente grande e com mais fundos entrou em seu espaço. O novo concorrente estava enganando de propósito os clientes de sua empresa – afirmando que podia cobrar preços menores e que o serviço de atendimento da empresa dela era inferior.

Mas em vez de correr para criar uma estratégia de marketing defensiva e ligar para os clientes, essa líder seguiu seu rumo e apresentou uma nova rodada de melhorias que bateu a oferta da concorrência. "Recusei-me a deixar nossa angústia momentânea descarrilar nosso plano bem pensado", ela me explicou. "Como líder, meu dever foi promover a tolerância para um monte de porcarias nesse meio tempo."

Os melhores líderes possuem alta tolerância à ambiguidade. Eles não ficam loucos com o desconhecido e não perdem a paciência quando lidam com desapontamentos. São capazes de trabalhar com o que sabem, identificar o que não sabem e tomar decisões de acordo. Também agem com fé na lei das probabilidades. Com o tempo, a verdade acaba sendo revelada.

Uma ocorrência comum em qualquer organização é o que passei a chamar de "injustiças momentâneas". Um dos líderes mais extraordinários com quem trabalhei foi Rob Kaplan, então vice-presidente do conselho do Goldman Sachs. "A justiça prevalece com o tempo em qualquer boa organização", ele dizia, "Mas a justiça não prevalece em todos os momentos". Um bom líder, Kaplan acreditava, era capaz de superar créditos perdidos ou uma designação injusta para um projeto tendo fé no crescimento da empresa.

Há leis da economia e do comportamento humano que, com o tempo, trazem clareza e justiça a qualquer situação. Mas líderes impacientes e impulsivos acabam tropeçando em períodos curtos de ambiguidade. O julgamento deles se torna duvidoso e por isso podem perder a base e o respeito dentro de uma organização.

A melhor prática aqui é desenvolver a tolerância a injustiças momentâneas e períodos de ambiguidade. Permaneça forte e calmo enquanto uma situação se resolve com o tempo e as nuvens ao redor de qualquer período de mudança começam a se dissipar. Sua fortaleza vai criar maior respeito e oportunidades que levarão a recompensas com o tempo.

CAPTURE OS BENEFÍCIOS DO FRACASSO

QUANDO UM PROJETO não vai bem, devemos continuar abertos às lições que podem ser aprendidas. Como o autor britânico A. A. Milne falou uma vez: "O bom julgamento vem da experiência, e a experiência — bem, essa vem de maus julgamentos." Digerir o entendimento que acompanha o fracasso é uma parte crucial do processo criativo.

A maioria tem dificuldades com o fracasso porque sentimos não só a perda profissional, mas também a dor pessoal, quando nossa ideia não consegue ganhar impulso. Mas essa tendência coloca um problema grave quando nos comprometemos a agir sem certeza e matamos ideias sem dó. Projetos que tropeçam ou terminam em fracassos possuem grande valor, mas só se pudermos reconhecê-lo e colhermos os benefícios.

Quando algo dá errado, há três perguntas que deveríamos tentar responder:

Quais condições externas podem explicar o fracasso? Quando o resultado de qualquer projeto criativo não é o que se esperava, você deve tentar identificar quais, se houve algum, fatores externos foram responsáveis. Talvez o *briefing* do cliente não foi explicado de forma correta ou o momento estava errado. Talvez houvesse outros sinais de que o apoio necessário de outras pessoas não existia. Há lições a ser aprendidas que vão ajudá-lo a melhorar futuros projetos.

Quais fatores internos podem ter comprometido seu julgamento? Quando um projeto fica aquém das expectativas, há quase sempre algo que você poderia ter feito diferente durante o caminho. Talvez você não tenha insistido nas limitações com seu cliente. Talvez houvesse pressupostos incorretos que foram feitos nos primeiros estágios do projeto. Pergunte-se: se tivesse de escolher duas coisas que teria feito de forma diferente, quais seriam? Você não precisa compartilhar sua resposta com os outros, mas deveria procurar uma resposta. Por meio da autoconsciência, deveria ser capaz de identificar os fatores que comprometeram seu julgamento.

Existem algumas joias no resultado inesperado? Francis Ford Coppola falou uma vez: "Arte é parcialmente o resultado de acidentes que caem no seu colo". Conseguir esse sentido de disponibilidade pode ser bastante difícil quando seu fluxo é interrompido pelo inesperado. Mas em vez de insistir somente no que deu errado, considere o que você pode ter descoberto inadvertidamente.

EVITE A ARMADILHA DO NARCISISMO DO VISIONÁRIO

Pude presenciar várias reuniões tanto durante a bolha das *pontocom*[20] como no difícil período que se seguiu. Sempre achei interessante como todo desafio era apresentado como um incidente isolado incomum: "Nunca antes tínhamos passado por uma bolha de mercado, seguida por tanta volatilidade nas taxas de juros,

---

[20] Período de rápida expansão de empresas baseadas na internet e subsequente fracasso de muitas delas na Bolsa de Valores. A expressão em inglês *dot-com* (pontocom) caracteriza os endereços públicos dos *sites* comerciais (N. do R.T.).

intercalada com preocupações terroristas". Os líderes de negócios balançavam a cabeça concordando. "É um momento extraordinário", alguém sempre dizia.

Baseando-me em todas as vezes que ouvi "Esse é o X mais incomum, o maior período de Y, a nova era de Z", dava para pensar que, se eu não tivesse nascido nos últimos trinta anos, poderia ter perdido a época mais emocionante nos negócios desde o começo dos tempos! Claro, se você considerar o quadro geral, vê mais padrões do que exceções. Houve a loucura das ferrovias, a loucura das tulipas, a loucura do rádio, a loucura da internet – e os líderes que acreditaram, os executivos *carpe diem* que apostam tudo cada vez.

Mesmo assim, apesar da história, a tendência de pensar que uma oportunidade ou um desafio é um evento isolado persiste. Comecei a chamar isso de propensão ao "narcisismo do visionário" – é a tendência do líder de pensar que ele ou ela é a exceção à regra.

Como mentes criativas, somos suscetíveis a ataques de narcisismo visionário. Não só podemos ser levados pela excepcionalidade de um problema ou uma oportunidade em particular, como também queremos ser os primeiros e adoramos fazer as coisas de forma diferente. Enquanto nossa tendência é começar todos os projetos criativos com olhos renovados, deveríamos também aceitar uma verdade absoluta: poucas coisas são completamente novas, e, sim, podemos aprender bastante com o passado.

Desafie-se a ter alguma perspectiva. Não seja levado tanto pela novidade do que está fazendo a ponto de perder de vista o que já foi feito antes. Quando se encontra em negociações com clientes, colaborações com vendedores e sócios, precisa tomar decisões únicas ou vê oportunidades de investimento em sua área, leve em conta que a situação que está enfrentando não é tão isolada e única como pensa. Conhecimento anterior está à sua disposição, geralmente sem riscos e tendo passado pelo teste do tempo. Hoje nunca parece que estamos fazendo história, mas estamos. E o mais provável é que você vai olhar para trás e perceber que deveria ter pensado melhor.

COMBATA A SABEDORIA CONVENCIONAL COM A CONTRARIEDADE

Ao MESMO TEMPO em que você tira as lições do passado, deve também questioná-las. Claro, ninguém deveria desprezar bons conselhos e cair vítima do narcisismo do visionário. Mas como profissionais criativos, não podemos ficar prisioneiros do *status quo*.

Porém, surgem outros questionamentos: como deveríamos reconciliar nossa tendência a procurar conselhos de especialistas com nosso desejo de fazer coisas de forma diferente — e talvez melhor? Deveríamos ter cautela e saber que as "melhores práticas" — as formas testadas e verdadeiras de fazer as coisas — geralmente se transformam em sabedoria convencional e a sabedoria convencional está frequentemente errada.

Há uma tendência geralmente saudável em toda disciplina a aceitar o conhecimento dos mais velhos. Do sistema de aprendizes/mestres na era pré-industrial até as tradicionais hierarquias corporativas que permeiam nossa vida hoje, as sociedades são construídas sobre a sabedoria coletiva do passado. Grandes conferências ao redor do mundo juntam especialistas para compartilhar sua sabedoria. Nós ouvimos cuidadosamente as projeções de nossos anciãos como se estivessem vindo de um oráculo.

No entanto, para a pequena porção da sociedade que recebe a tarefa da inovação e do avanço, a confiança na sabedoria convencional é daninha. Temos de ouvir os conselhos com uma dose de ceticismo e devemos sempre considerar os méritos do desenvolvimento de novas plataformas em vez de novos e contínuos derivados.

Um tema anterior que surgiu em minhas entrevistas com profissionais criativos foi a prática da "contrariedade" ou o ato de pensar de propósito contra a corrente quando tratamos de novos problemas e fazemos *brainstorm* de novas ideias. Os contrariadores estão dispostos a gerenciar (e até mesmo abraçar) as incertezas e os riscos inerentes de pensar diferente. E, ao questionar as normas, eles querem ou encontrar melhores posturas ou sentir mais confiança nas velhas formas de fazer as coisas.

A seguir apresentamos algumas dicas para aprender como funciona a contrariedade e a navegar pelo terreno da sabedoria convencional. Não é preciso dizer que devemos considerá-las com uma dose de ceticismo!

Não seja reverente a alguém baseado na idade. Há um preconceito inerente contra os jovens — ou pessoas que são novas em nossa área — porque questionamos quanto eles poderiam saber por causa de sua relativa falta de experiência. No entanto, novatos possuem vantagens legítimas quando falamos em detectar tendências, adotar novas tecnologias e empreendimentos arriscados que criadores mais experientes não teriam coragem de fazer. Quando trabalhar com pessoas novas, você deveria julgar seus interesses básicos e habilidades em vez de idade ou número de anos no ramo.

Reconsidere sua postura sobre mentores. Sua tendência pode ser olhar as pessoas acima de você buscando orientação, conexões e oportunidades. Mas seus maiores conselheiros, parceiros, colegas e financiadores estão, provavelmente, sentados ao seu redor em vez de acima. Apesar de a sociedade sugerir que você tem muito a aprender daqueles que estão no topo, é preciso fazer um esforço para olhar ao redor, e abaixo também. Veja os mentores menos como um ato de cortesia e mais como uma estratégia para capturar os benefícios — por meio de relacionamentos ou de outras formas — que provavelmente você também receberá.

Faça distinções entre realizações do passado e conhecimento do presente. Todos temos uma tendência a "deitar sobre nossas conquistas", mas o conhecimento de vanguarda torna-se antiquado rapidamente. O especialista brilhante de ontem pode ter pouca noção do que é relevante hoje. Na verdade, tais especialistas podem ter ficado muito tendenciosos por suas próprias experiências e por seu sucesso do passado para ver como os tempos mudaram. Dessa forma, você deveria questionar as correlações entre as realizações anteriores de alguém e o conhecimento atual.

Aspire às melhores práticas, não à melhor de todas. Em vez de ficar com a forma como as coisas já foram feitas, reconheça que tudo pode ser melhorado. Apesar de ser valioso encontrar e seguir métodos testados pelo tempo quando realizamos projetos, é perigoso aceitar conselhos passivamente. Toda a sabedoria convencional e as "melhores práticas" deveriam ser consideradas com ceticismo e melhoradas, pois aspiramos a ter "práticas melhores". (Isso se também aplica a todos os conselhos neste livro!)

CONSIDERE-SE UM EMPREENDEDOR

Você tem responsabilidade de fazer suas ideias sustentáveis. Para uma ideia avançar com o tempo, deve ser tratada como um empreendimento. Não importa se você trabalha em uma grande corporação ou sozinho; quando a questão é liderar ideias, no fim acaba sendo um empreendedor.

"Empreendedores não são os que têm as melhores ideias", diz Andrew Weinreich, um empreendedor em série pioneiro. "Eles são os que estão dispostos a pular no precipício sem as respostas".

Weinreich criou uma das primeiras redes sociais, o SixDegrees.com, que acabou vendendo em janeiro de 2000 por 125 milhões de dólares. Fundou depois o Xtify.com, que oferece serviços de localização gratuitos para aplicativos para celulares e para internet, e o MeetMoi.com, um serviço de encontros. Em todos esses empreendimentos, Weinreich desempenhou o papel de fundador e líder.

Suas aventuras não começaram com estratégias pensadas e planejamento. Ele se formou em direito com uma dívida de mais de 100 mil dólares. Mas tinha ideias e grandes visões do que poderia acontecer. "Você pode viver mais da paixão do que do dinheiro". Mas quando ele mergulhou em sua primeira aventura, não viu a linha de chegada – e acha que é errado ter uma na cabeça. Em vez disso, acredita que empreendedores deveriam simplesmente tentar "permanecer na disputa para sempre" – o que significa que deveriam focar mais o progresso incremental do que a necessidade de ganhar. A grande vitória está provavelmente distante, a muitas iterações e ideias longe do atual estado do projeto. Essa prática de perseverança é consistente com a noção de dar um curto-circuito em seu sistema de recompensas. Weinreich chama isso de "processo de alucinação consciente". Você precisa de alguma forma ficar engajado com o progresso incremental e manter o impulso, mesmo se não passar à próxima fase – fazendo repetidas tentativas sobre a mesma ideia.

"Quando nossa [equipe inicial] juntou-se pela primeira vez", Weinreich lembra, "eu falei para eles que seu maior risco era entrar na equipe – e que o resto da experiência seria apenas tampar os buracos no barco. Se ficarmos parados, o barco vai afundar. Quanto mais rápido nos movermos, mais devagar a água vai entrar, e simplesmente acabaríamos, com o tempo, conseguindo tampar todos os buracos". Weinreich acredita que a chave para sobreviver à experiência de uma *start-up* é movimento. "Quando você para de dançar, a música para".

Para Peter Rojas, o cofundador e CEO da RCRD LBL, já mencionado, a parte mais difícil de realizar uma nova ideia é "puxar o gatilho – estar mentalmente dentro ou fora". Ele afirma que depois que deixou a Engadget, teve várias outras ideias focadas em tecnologia na área de redes de vídeo e televisão, mas decidiu que sua mente não estava totalmente engajada por nenhuma dessas ideias. Ele não estava pronto para pular no abismo.

Quando você encontra ideias que valem seu tempo e sua energia, é importante saber quais garantias você precisa — e quais não — antes de decidir dar o mergulho. Você não precisa ter (nem terá) todas as respostas, mas precisa sentir que o risco de avançar é menor do que o risco de não tentar. Você não precisa ver a linha de chegada, precisa ter velocidade suficiente para ficar acima da água.

No livro de Anne Lamott, *Bird by bird*, sobre a arte de escrever, ela cita uma frase do premiado autor E. L. Doctorow sobre como é escrever um romance: "É como dirigir um carro à noite. Você nunca vê mais do que as próprias luzes, mas consegue fazer toda a viagem assim".

Durante a viagem para transformar suas ideias em ação, você deve manter a velocidade, mesmo se estiver vendo somente alguns metros à frente. A maioria dos empreendedores admite que ter um plano de negócios é supervalorizado. O que mais importa é sua capacidade de manter-se em movimento e avançar suas ideias, passo a passo.

ESTEJA DISPOSTO A DESVIAR-SE DO "NORMAL"

Já FALAMOS MUITO sobre os obstáculos pessoais comuns nos projetos criativos e como os superar. Além dos desafios colocados por nossas próprias tendências, há também pressões externas, geralmente sociais, que, em momentos de fraqueza, podem obstruir nossa viagem.

A maioria das mentes criativas extraordinárias que entrevistei durante a realização deste livro falou de momentos em suas vidas nos quais tomaram decisões que foram impopulares, mas necessárias. Pode ter sido sair da faculdade para trabalhar em algo, sair de um emprego bem pago para começar uma empresa ou recusar oportunidades que pareceram maravilhosas para os outros – seus caminhos foram anticonvencionais. Quando esses líderes criativos decidiram seguir seu próprio caminho, perderam o apoio de algumas pessoas. Mas, no meio da cacofonia de desencorajamento de professores e até mesmo de sua própria família e amigos, eles perseveraram e aprenderam a ganhar confiança por serem tão questionados. Tornaram-se um tipo de "transviados".

Transviados desse tipo são como dissidentes, dispostos a ser impopulares, incompreendidos e até evitados durante projetos criativos. A visão de realizações extraordinárias está, por definição, uns poucos passos além do consenso e da lógica convencional. Dessa forma, deveríamos nos tornar encorajados pelas dúvidas da sociedade em vez de nos sentirmos dissuadidos.

A sociedade é um pouco hipócrita. A maior parte dela em geral despreza as pessoas criativas com ceticismo, especialmente quando desafiam o *status quo*. Sair da escola ou escolher uma carreira alternativa é algo mal-visto. Mas, ao mesmo tempo, celebramos os sucessos de artistas e empreendedores que enriquecem todos os aspectos de nossas vidas. A sociedade celebra o resultado do que ela mesma despreza.

Cometemos graves erros quando consideramos o sucesso criativo como um evento isolado. Ideias não são feitas para acontecer por acidente ou por sorte. A conquista criativa é simplesmente o resultado lógico de fazer algo diferente e vê-lo finalizado. O que a sociedade vê como um tremendo risco pode parecer para alguns de nós como uma oportunidade óbvia e persuasiva. Se o projeto se torna algo significativo ou não, vai depender de nossa capacidade de organizar e liderar.

Você deve aprender a ganhar confiança quando os outros duvidam. O caminho desconhecido é a única estrada para algo novo. Com a pressão aumentando, você precisa ficar no curso e considerar as dúvidas dos outros como uma indicação de seu progresso.

Não se pode basear no conhecimento convencional, nas recompensas e nos procedimentos quando você lidera projetos criativos. Como aprendeu, as formas pelas quais gerencia sua energia e engaja funcionários e sócios devem ser sempre questionadas. Nada extraordinário é conquistado por meios ordinários. Com uma mentalidade "fora do normal", as pressões dos outros se transformam em uma fonte de confiança. Ao livrar-se das obrigações e expectativas jogadas sobre você pelo *status quo*, é possível organizar e liderar ideias extraordinárias até o fim.

FIQUE DE OLHO NA CONTAGEM REGRESSIVA

Em RETROSPECTIVA, é fácil falar sobre assumir uma mentalidade "fora do normal" e desafiar o *status quo*. Mas é muito difícil dar o salto. Muitos de nós adiamos nossos projetos criativos por uma série de razões. Queremos ficar em nossos empregos atuais um pouco mais, talvez para aumentar nossas poupanças ou conseguir "mais uma promoção". Ou talvez estejamos "esperando pelo momento certo", mas não conseguimos ter certeza quando esse momento vai acontecer. Essas poderiam ser racionalizações ou razões perfeitamente boas para adiar a realização de nossas ideias. De qualquer forma, pagamos um preço por adiar as ações.

Considere por um momento:

Você está em uma reunião chata. Desligando-se das conversas, fica perdido olhando a passagem do tempo no relógio da parede. Vê 60 segundos se passarem, um minuto de sua vida que nunca vai recuperar.

Durante esse tempo, estava assumindo algum risco para fazer suas ideias avançarem? Estava jogando a bola para frente de alguma forma? Estava fazendo algum marketing de si mesmo para uma oportunidade de se aproximar de seus verdadeiros interesses — ou procurando algum desenvolvimento em sua área de conhecimento? Estava dominando as forças de conexão e oportunidade ao seu redor?

Dependendo de como você considera sua carreira atual e o estado de suas ideias, essa vinheta pode ser um lembrete doloroso do tempo e das oportunidades perdidas ou um lembrete motivacional para usar todo minuto e aproveitar a vida ao máximo.

A noção de contagem regressiva é simples: se soubesse o ano, dia e hora exatos em que sua vida acabaria, administraria seu tempo e energia de forma diferente? Mesmo se essa data fosse 73 anos, doze dias, duas horas e trinta segundos, a partir de agora, você se tornaria mais consciente do tempo passando, minuto a minuto?

Em essência, todos temos uma data final em nossa frente, mas não temos o peso da contagem regressiva. Isso é provavelmente uma coisa boa, dada a ansiedade que tal informação criaria. Mesmo assim, há alguns benefícios em manter um olho na contagem regressiva. Enquanto você procura capitalizar sua energia criativa, visões e ideias, a janela de oportunidades está sempre se fechando. Uma dose de pressão é algo bom.

O fato de que o tempo está andando deveria motivá-lo a agir sobre suas ideias. Quando pequenas oportunidades se apresentam, você poderia decidir aproveitá-las. Um olho na contagem regressiva ajuda a aguentar o risco porque, afinal, o tempo está acabando. Aceite isso.

O DILEMA DO AMOR

O AMOR DESEMPENHA um papel estranho nos projetos criativos. No começo, ele cria uma faísca em nosso interesse e um desejo incansável de focar e aprender. Durante os tempos difíceis e os platôs de projetos, o amor nos mantém engajados. Mas também cria um abismo entre nossas visões e realizações. O amor pode levar a grandes decepções.

O amor nos impulsiona. Há um homem extraordinário chamado Jason Randal que sabe muito sobre o amor. Ele faz mágica em programas de entrevistas e em suas conferências no mundo todo. Também foi dublê em filmes como *A força do destino*, *Conspiração tequila* e *Uma linda mulher*. Mesmo se já o tiver visto, provavelmente não sabe que Randal possui um doutorado em psicologia social, toca e compõe para cinco instrumentos musicais, fala três línguas e é hipnoterapeuta certificado, serralheiro licenciado, instrutor de mergulho e de voo tanto para aviões como helicópteros.

Ainda não acabamos. Randal é também faixa preta sétimo grau em caratê e deu aulas durante seis anos na escola de Chuck Norris. Acredite ou não, a lista continua. Mais do que tudo, Randal é especialista no desenvolvimento de especialidades.

O melhor para nós todos é que Randal está disposto a dividir conosco seus segredos. Ele enfatiza três componentes críticos para desenvolver uma especialidade: (1) desejo profundo e interesse em um tópico; (2) capacidade de aprendê-lo; e (3) capacidade de angariar apoio. O desejo e interesse profundos, Randal explica, cria uma ligação intensa e duradoura com o tópico. Quando você liga essa obsessão por um tópico com a capacidade de aprender (por meio da compreensão, técnicas mnemônicas ou outras) e o envolvimento de outros, pode conseguir resultados extraordinários.

Quando Randal descreve sua postura diante de seus muitos interesses, o tema comum é um profundo e autêntico amor por todas as habilidades que desenvolveu e suas experiências ao usá-las. Randal possui um desejo insaciável por melhorar, mas não por ambição ou competitividade. É impulsionado por amor. O amor o mantém conectado tempo suficiente para aprender, experimentar e assumir riscos ousados. Como um tremendo vendedor de seus próprios projetos e filosofias, é capaz de engajar sua comunidade. Sua energia positiva é contagiosa e seus projetos ganham, como resultado disso. Randal demonstra como o amor pode nos levar até grandes realizações.

O amor nos decepciona. No começo do livro, conhecemos Jonathan Harris, um artista bem-sucedido cujos projetos são todos complexas tentativas de explorar seu fascínio com emoção. Quando conheci Harris, ele me contou sobre o complicado papel que o amor desempenha em seu trabalho.

"O amor que você tem pelo que está fazendo é, na verdade, a coisa mais importante". Harris explicou. "O amor é a única coisa que vai fazê-lo avançar e terminar... mas há também um fato paradoxal e interessante: A coisa que você na verdade termina fazendo vai ser uma enorme decepção comparada ao seu sentimento original, à visão original que você tinha. Se terminar e descobrir que não foi uma decepção, significa que não tentou de fato porque, quando você realmente se apaixona por algo, idealiza e desenvolve uma visão disso que é impossível de conseguir na realidade. O sentimento é tão puro que não se pode fazer nada real que inclua esse sentimento e então você ficará inevitavelmente desapontado. E, de alguma forma, a profundidade desse desapontamento está diretamente relacionado com a beleza da visão que tinha no começo."

Harris argumenta que o amor nos motiva, nos mantém leais aos nossos projetos e depois garante algum nível de decepção no final.

Amor reconciliador. Você pode ter ouvido a velha citação "Como você faz alguém parar de amar o que faz? Comece a pagá-la para fazer isso". O ditado sugere que quando sua paixão se transforma em trabalho, sua relação com essa paixão muda. Há muitos exemplos que conhecemos — um *designer* é contratado por uma grande firma, um artista é contratado para dirigir um setor dentro de uma grande empresa, um romancista é contratado para escrever uma história para outra pessoa — nos quais somos vítimas de um ataque de angústia quando caímos em uma rotina. Os mecanismos desses projetos pesam sobre nós. Quando não controlamos tudo e percebemos que outras pessoas vão receber crédito pelo resultado de nosso trabalho de amor, começamos a nos questionar.

Seu desafio é manter uma relação orgânica com o ofício que ama. As expectativas e recompensas impostas por outros só vão comprometer sua paixão se você basear-se nelas como a fonte de seus interesses. Como uma sensação passageira de luxúria, a paixão alimentada por incentivos tradicionais logo desaparecerá. Você deve ficar focado nas recompensas intrínsecas de seu trabalho e ser motivado pelos meios em vez de pelos fins.

O amor é a causa tanto do compromisso como, geralmente, de muito desapontamento. Mas um amor duradouro por uma ideia ou interesse pode ajudá-lo a ultrapassar os obstáculos. As pessoas que transformam as empresas e mudam o mundo são as que dominaram o que amam. Continuam a praticar seu ofício porque adoram o processo mais do que o resultado. E estão constantemente encontrando novas formas de renovar, mantendo o caso amoroso vivo apesar das pressões que surgem entre nossas visões e a realidade.

UMA OPORTUNIDADE E UMA RESPONSABILIDADE

Quando as pessoas ouvem um novo disco, leem um novo livro ou celebram as conquistas de um novo produto ou negócio revolucionário, elas pouco percebem a magnitude do esforço e as capacidades exigidas para criá-lo. Mas, como criadores, nós deveríamos visualizar o mundo da inovação com uma lente que visse além do *glamour*. Deveríamos polir nossos talentos e impulsos criativos com uma educação contínua nas forças de execução.

Os estudos de caso nos cercam todos os dias. Quando descobertas e realizações são celebradas — filmes espetaculares são lançados, livros são publicados e empresas crescem —, deveríamos colocar nossas mentes a retroceder e imaginar tudo que foi necessário para levar essas ideias até sua realização. Quanta organização e transpiração estiveram envolvidas? Quantas noites até tarde, brigas na equipe e puxões de crescimento pessoal aconteceram pelo caminho? Quantas gotas de transpiração (e lágrimas) foram derramadas?

Há um sentimento profundo de compreensão e respeito compartilhado entre líderes criativos que encontraram o sucesso.

A ligação não é resultado do sentimento de conquista. Na verdade, é o resultado da empatia e da admiração mútua. Independentemente da área, todo criador que conseguiu transformar uma ideia em realidade lutou e sobreviveu a uma longa guerra. Mesmo que as feridas e lembranças possam ser de diferentes batalhas, todos sabem como é isso, lutar para ultrapassar o platô do projeto e sempre procurar a inovação contra a corrente.

Nossa curiosidade e nosso sentido de admiração alimentam nossas ideias, mas levá-las até o fim exige um compromisso firme. Todas as visões, todas as restrições antinaturais e todos os compromissos pessoais que discutimos são parte desse árduo compromisso. E, se você aguentar a viagem, terá uma oportunidade única para impactar seu mundo.

Não é ingenuidade ou clichê dizer que a mente criativa tem as respostas de todos os problemas do mundo. É simplesmente um fato. E, assim, você deveria equilibrar seu desejo de usar sua criatividade com um sentido de responsabilidade.

Por favor, leve a si mesmo e seus projetos criativos com seriedade. Suas ideias devem ser tratadas com respeito porque a importância delas realmente se estende além de seus próprios interesses. Todo ser vivo se beneficia de um mundo rico em ideias realizadas — ideias realizadas por meio de sua paixão, seu compromisso, sua autoconsciência e suas atividades.

Desafie-se a aguentar as dúvidas e pressões sociais que se levantarão contra você. Quando elas aparecerem, conforte-se com o conhecimento de que está em boa companhia. Todos nós lutamos, mas perseveramos. A adversidade nos faz mais fortes. Aprecie o fato de que você está em um caminho importante, incentivado tanto pela oportunidade como pela responsabilidade importante de criar algo de valor — um valor que é recompensador para você e enriquecedor para todos.

Apêndices

DICAS PARA PRATICAR O MÉTODO DE AÇÃO

DESIGN PARA O MÉTODO DE AÇÃO

INDEPENDENTEMENTE DE QUE TIPO de caderno você use, deveria considerar separar certos espaços para itens que serão transformados em ação e tópicos com potencial. Esses espaços deveriam ser separados do espaço que você usa para notas gerais e esboços. Aqui está um exemplo de como colocar em prática o método de ação usando os produtos que criamos.

Você pode fazer o *download* de um modelo gratuito do Action Pad na CreativesOutfitter.com — bem como comprar produtos baseados no *design* do método.

PRODUTOS ON-LINE PARA O MÉTODO DE AÇÃO

O CONCEITO DO MÉTODO de ação pode ser praticado usando a maioria das ferramentas de gerenciamento de tarefas on-line. Há uma

Nome do projeto	Data	Itens de ação
Preparar/Focar		

Referências

....
....
....
....
....
....
....
....
....
....
....
....
....
....
....
....
....
....
....

Secundários

O *design* do método de ação que usamos em reuniões e *brainstorms*

versão on-line, que permite aos usuários gerenciar seus itens de ação e colaborar com outros usando o *browser* ou celular. Você pode começar a usar a ferramenta on-line de graça no ActionMethod.com.

MAIS RECURSOS NA AÇÃO E EXECUÇÃO

A Conferência 99% que acontece todo ano e a base de dados de dicas, entrevistas e outros recursos estão organizados on-line e podem ser acessados em <http://the99Percent.com>. A 99% também funciona como uma comunidade de pessoas e equipes criativas com ideias comuns e o desejo de trocar práticas e aumentar a produtividade. Você está convidado a participar.

O EXPERIMENTO DO PAPAI NOEL ROXO

Como uma exploração e teste de rápida transformação de geração de ideias em execução (e com o objetivo de comemorar o feriado), realizamos um experimento divertido em 2008. Uma tarde, no meio de dezembro, estávamos almoçando juntos em nosso antigo escritório, cheios de ideias sobre o que a empresa poderia fazer e como o mundo criativo deveria ser organizado (e o que poderíamos fazer para que isso acontecesse). Aí nossa conversa mudou drasticamente, para lugares que queríamos conhecer, histórias da infância e a ocasional ideia louca que era tangencial (nem sempre) para nossos empregos. Uma ideia foi o conceito de espalhar a alegria do Natal. Estávamos no meio de uma iminente recessão e muitos de nossos amigos em todas as áreas temiam o pior. Demissões estavam por acontecer.

Nossa conversa no almoço se transformou em um prospecto de como espalhar a alegria do Natal. E aí surgiu uma faísca. "E se o Papai Noel fizesse uma visita surpresa às agências de publicidade da cidade?"

Um Papai Noel se tornou três Papais Noéis roxos com longas barbas da mesma cor, grandes sacos vermelhos cheios de doces, raspadinhas da loteria e pequenos cartões inspiradores. Era só uma daquelas ideias loucas que provavelmente nunca chegariam a acontecer. Mas, por alguma razão, ela começou a ganhar impulso e alguma cristalização durante a conversa. Havia a proposta de anonimato (não contaríamos às pessoas que íamos fazer isso; nossa estratégia para lidar com os seguranças); íamos explicar que tínhamos sido enviados para entregar a alegria do Natal a alguém que conhecíamos em cada agência; e concordamos em manter o orçamento mínimo. A ideia estava começando a crescer.

Depois de quarenta minutos, percebemos que o tempo para almoço tinha passado. As pessoas começaram a juntar suas coisas e tomar os últimos goles antes de voltar para seus projetos e tarefas diárias. A ideia tinha quase desaparecido em questão de minutos. Aí, pouco antes de nos separarmos, um membro da equipe disse: "Ei, eu sei onde podemos conseguir roupas de Papai Noel bem baratas com barbas brancas que poderíamos pintar de roxo". Uau, a proposta de um item de ação!

Em vez de criar um plano de projeto e realmente colocar nossas mentes juntas ao redor do projeto – algo que simplesmente não tínhamos tempo para fazer –, a equipe decidiu simplesmente agir sobre a ideia sem pensar muito. Em vez de planejar, decidimos rapidamente propor, delegar e realizar uma série de ações para ver se essa nova ideia poderia acontecer sem qualquer processo formal. Claro, o risco para a ideia era baixo. O custo de três fantasias novas de Papai Noel e um monte de doces era algo que estávamos dispostos a assumir. Mas havia também um desejo de nos testar, sem mencionar o fato de que a perspectiva de espalhar a alegria do Natal era divertida e recompensadora em si mesma.

E, assim, em uma rápida série de ações, o domínio PurpleSanta. com foi comprado e desenvolvido em vinte minutos, as roupas foram compradas, as barbas pintadas e a equipe realizou tudo em uma tarde para a operação Papai Noel roxo. Os Papais Noéis — que deveriam permanecer anônimos — visitaram sete empresas diferentes. Houve mensagens no Twitter e no Facebook sobre os estranhos Papais Noéis roxos entrando nos escritórios. Outros começaram a transmitir chamados, pedindo que os Papais Noéis roxos visitassem seus escritórios também.

Nesse experimento, uma ideia aleatória avançou só por causa de uma disposição de agir rapidamente e *sem* certeza. Essa linda lembrança serve para ilustrar a mecânica da ação rápida e como, sem ela, novas ideias têm muito menos probabilidade de acontecer.

APÊNDICE 3
UMA VISÃO GERAL DA BEHANCE NETWORK

A BEHANCE NETWORK é uma plataforma livre para os principais profissionais criativos do mundo. O *site* Behance.net é usado principalmente por profissionais das indústrias criativas visuais – incluindo designers, fotógrafos, ilustradores e todos os tipos de outros artistas – como uma ferramenta poderosa para mostrar seu trabalho ao mundo, solicitar *feedback* e construir uma rede profissional. Milhões de pessoas visitam a Behance Network e seus *sites* afiliados todo mês para pesquisar, encontrar e contratar talentos criativos.

Nossa equipe busca aumentar a responsabilidade, o desenvolvimento de carreiras e a troca de conhecimento na comunidade profissional criativa. Foi criada para ajudar a organizar o trabalho do mundo criativo. Os recursos, *design* e parcerias da rede fortalecem profissionais criativos para que liderem suas próprias carreiras. A rede também se tornou um dos melhores lugares de recrutamento para empresas buscando e contratando pessoas talentosas.

Você está convidado a nos visitar em Behance.net (<http://www.behance.net>) e no The 99% (<http://www.the99percent.com>). – seja para inspiração, encontrar e contratar alguém talentoso ou com a intenção de mostrar seu próprio trabalho criativo.

LIVROS CITADOS NESTA OBRA

ALLEN, David. *Getting things done*. [*A arte de fazer acontecer*: uma fórmula anti-stress. Editora Campus].

ANDERSON, Chris. *The long tail*: why the future of bssiness is selling less for more. [*A cauda longa*: do mercado de massa para o mercado de nicho. Editora Campus].

ANDERSON, Chris. *Free*: the past and future of a radical price. [*Free*: o futuro dos preços. Editora Campus].

BELL, Gordon. *Total Recall*: how the e-memory revolution will change everything. [*O futuro da memória*: como essa transformação mudará tudo o que conhemos. Editora Campus].

CSIKSZENTMIHALYI, Mihaly. *Flow*: the psicology of optimal experience. [*A descoberta do fluxo*. Editora Rocco].

JOHANSSON, Frans. *The Medice effect*: breakthrough insights at the intersection of ideas, concepts, and cultures. [*O efeito médici*: como realizar descobertas. Editora Best Sellers].

JOHNSTON, Ollie; THOMAS, Frank. *The ilusion of life*: Disney animation.

LAMOTT, Anne. *Bird by bird*.

LEWIS, Michael. *Liar's poker*.

LEWIS, Michael. *Moneyball*: the art of winning a unfair game.

MOORE, Geoffrey. *Crossing the chasm*: marketing and selling disruptive products to mainstream custumers.

POSTREL, Virginia. *The substance of style*: how the rise of aesthetic

SAWYER, Keith. *Group genius*: the creative power of collaboration.